瀧口夕美先生のアイヌ語授業風景①

◀瀧口先生のアイヌ語授業が始まった

▶発音してみよう

◀アイヌの着物を着てみる

瀧口夕美先生のアイヌ語授業風景②

▶板書中の瀧口先生

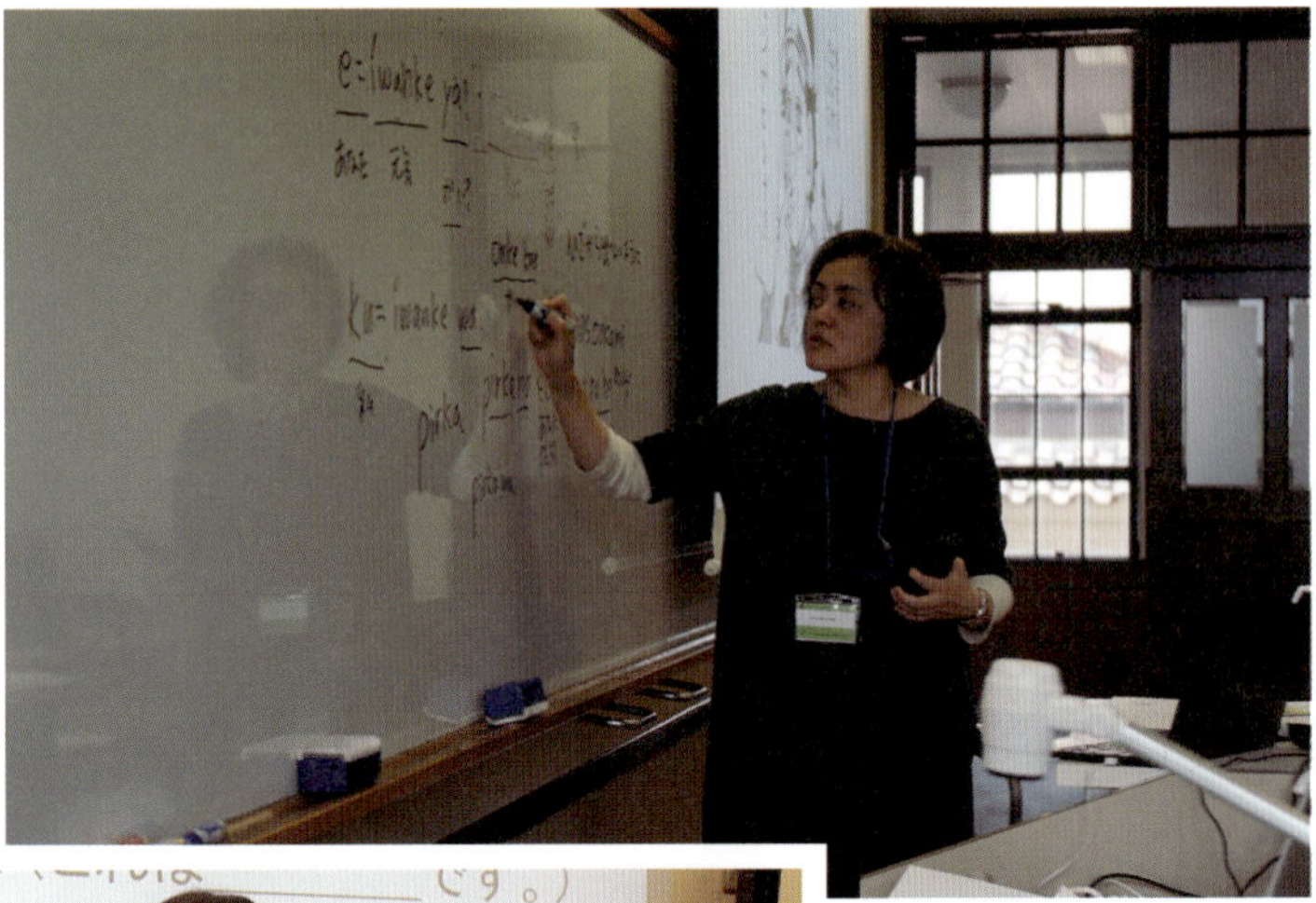

◀いろんな種類の着物がある

▶「これは何ですか」と聞いて答える練習

北原モコットゥナㇱ先生の講演から

◀講演する北原先生

明治時代はじめの札幌。いくつものコタン（アイヌの集落）があった
ハッサムコタン
琴似駅
コトニコタン
桑園駅
札幌駅
赤レンガ
上サッポロコタン
テレビ塔
フシコサッポロコタン
苗穂駅
そうせい川
とよひら川
インカルシペ

▶札幌周辺にもいくつもアイヌコタンがあった

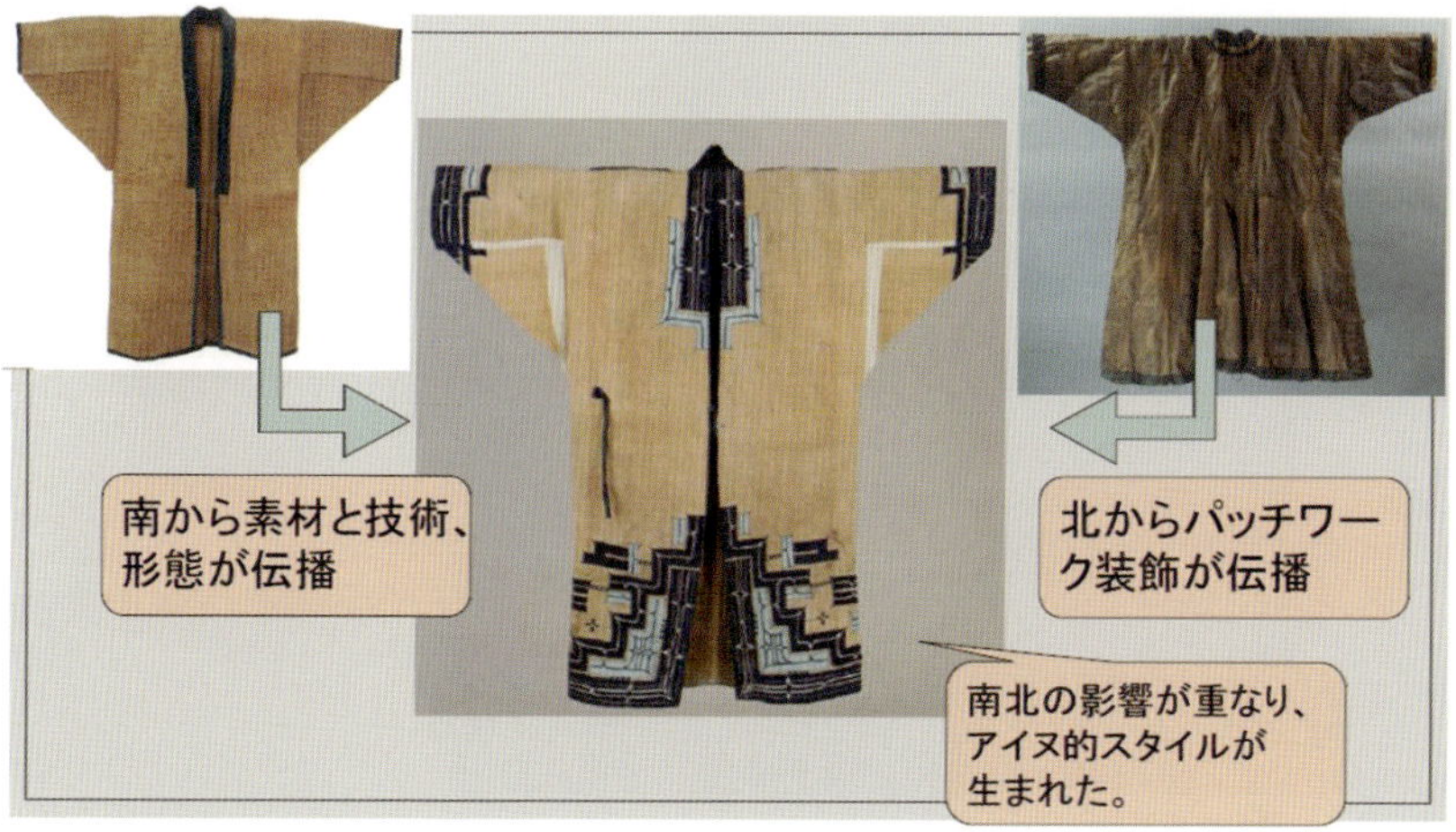

南から素材と技術、形態が伝播
北からパッチワーク装飾が伝播
南北の影響が重なり、アイヌ的スタイルが生まれた。

◀北から、南からの影響でアイヌ的スタイルが生まれた

北原先生と瀧口先生の対談「アイヌ語授業によせて」から

対談する北原（左）瀧口（右）両先生

▲アイヌ語の魅力を語り合う。司会は大澤香

アイヌ語を話してみよう！

先住民族アイヌを学ぶⅢ

大澤 香　瀧口 夕美　石川 康宏

北原 モコットゥナシ
（北海道大学アイヌ・先住民研究センター、アイヌ共生推進本部）

【講演録】アイヌ文化と人をつなぐ
— 進化形アイヌ文化事業

日本機関紙出版センター

はじめに

神戸女学院大学准教授　**大澤香**

『先住民族アイヌを学ぶ』の3冊目をみなさまにお届けできることになりました。

2019年度に石川康宏先生（現・神戸女学院大学名誉教授）が声をかけてくださったことから授業の企画が始まり、2021年度にプロジェクト科目「先住民族アイヌを学ぶ」を実施いたしました。コロナ禍のためにオンライン形式で行われた授業の内容が、1冊目の『先住民族アイヌを学ぶ　藤戸ひろ子さんに聞いてみた』（日本機関紙出版センター、2022年）になりました。そして2022年度に実施した北海道フィールドワークを通しての学びと、本学で開催された中川裕先生の講演会の内容が、2冊目の『先住民族アイヌを学ぶ　北海道に行ってみた』（日本機関紙出版センター、2023年）として刊行されました。

2023年度には、プロジェクト科目「先住民族アイヌを学ぶ～関西編～」として、関西で学ぶことを意識した授業を企画・実施いたしました。2023年度の科目担当者は、石川康宏先生（経済学）、河島真先生（日本近現代史）、大澤（宗教学）でした。ここからさらに新しい企画が立ち上がりました。それが「アイヌ語」の授業の開講です。2023年度に授業にお越しいただいた瀧口夕美先生が、授業の担当をご快諾くださいました。2024年2月23日（金）には、総合文化学科講演会で、北海道大学教授の北原モコットゥナシ先生をお招きし、「アイヌ文化と人をつなぐ――進化形アイヌ文化事業」と題してご講演をいただき、北原先生と瀧口先生に「神戸女学院大学で始まる『アイヌ語』授業によせて」というテーマでご対談いただきました。講演会には約100名の参加があり、参加者のみなさまの関心の高さがうかがえました。本書の第2部にその内容が収録されています。

「〝日本国〟内の少数言語であり、少数文化であるアイヌ語、もし日本国憲法に公用語の規程があるなら、第二公用語か準公用語かという認定になろう、その文化をきちんと講義する講座や、言語的プログラムの整備こそが先決事項だと思う」と国文学者の藤井貞和氏は述べています（藤井貞和『物語論』講談社、2022年、157頁）。

2024年度、神戸女学院大学では「特別講義 -Special Lecture-」という科目でアイヌ語の授業が始まっています。関西の大学では、これは大変珍しい取り組みだと思います。授業には予想をはるかに上回る数の

2024年2月23日講演会のポスター

学生の登録がありました。授業の様子は、本書第1部の瀧口先生ご担当の第1章をお読みください。最初の授業での学生のコメントと最後の授業での学生の言葉。その変化からもこの授業の意義を感じていただけるのではないでしょうか。

このアイヌ語の授業の企画とともに、本書の企画も立ち上がりました。第1部は、2024年度のプロジェクト科目「先住民族アイヌを学ぶ」の担当教員3名が、それぞれの分野から、「アイヌ語」「ことば」に関連するテーマで執筆しています。第2部の講演・対談録は、アイヌの歴史と現在の状況や活動についての貴重な情報を教えてくれるとともに、偏見や差別を私たちの身近な事柄と関連づけて考える重要な視点を与えてくれます。第3部は、瀧口先生によるアイヌ語授業の教材とコラムです。「アイヌ語を学んでみたい!」という方は、ぜひここでアイヌ語の授業を体験してみてください。

2019年から現在に至るまで、たくさんの方々のご支援、ご協力をいただいています。あらためて御礼申し上げます。本書のためにワクワクする素敵な表紙とイラストを描いてくださった小笠原小夜さん、ソンノ イヤイライケレ(本当にありがとうございます)。

最後になりましたが、本書は神戸女学院大学研究所出版助成を受けています。今回、私自身、聖書の「語り」についての思索に、アイヌの「語り」から重要な示唆を与えられたこと、そしてそれを研究成果として出版する機会をいただいたことに感謝いたします。

〈もくじ〉　アイヌ語をはなしてみよう！　先住民族アイヌを学ぶⅢ

第2部　アイヌ文化とアイヌ語　69

第1章　アイヌ文化と人をつなぐ——進化形アイヌ文化事業　北原モコットゥナシ　70

第3部　アイヌ語入門　瀧口夕美

（本稿は奥付ページ側からお読みください。ノンブルもそのように付いています）

第 1 部

なぜ今、アイヌ語なのか

第1章　たがいの考えを知る授業

瀧口夕美
編集グループSURE代表
神戸女学院大学非常勤講師

「アイヌはいまどこにいるのですか?」

２０２４年4月から神戸女学院ではじまった「特別講義-Special Lecture-」。アイヌ語を通してアイヌ文化を学ぶ授業が、最初の全15回の授業を終えました（前・後期開講）。始める前は、関西の大学でどれくらいの人がアイヌに興味を持ってくれるのかと心配でしたが、ふたをあけてみれば60名以上の登録者があり、アイヌ語やアイヌ文化に高い関心があることがわかりました。

ただ、60名のクラスでは、当初、私が思い描いていたような、語学の授業のようにはいきそうにありませんでした。グループになっての会話練習は、私が実際に見てチェックするのもむずかしいですし、授業中、活発に発言してほしいと思っていても、60人という人数では、やはり遠慮が働くようです。

そこで、学内ではおなじみの「コメント用紙」を毎回配布し、そこに意見や質問、アイヌ語作文などを書いて、授業の最後に提出してもらうことにしました。授業中は発言しなくても、コメント用紙には、みなさん率直に意見や質問を書いてくれました。私はその中からいくつかを選んで、翌週の授業で読み上げ、回答していきましたが、それが意外と好評でした。ほかの人の質問や意見に教えられた、というコメントもありました。

最初の授業のあとは「アイヌはいまどこにいるんですか?」とか、「アイヌと会話できるようになりたい」といった記述がいくつもありました。これは、昔ながらの暮らしをかたくなに守っているアイヌが、ごく少数ながらいまもどこかにいて、そのコミュニティーに行くと、アイヌ同士は当然アイヌ語でぺらぺらと会話している、という前提に立っての質問でしょう。実際はもちろんそうではないので、まず、アイヌが置かれている現状を知ってもらわなければならない、と思いました。

マンガ『ゴールデンカムイ』でアイヌに興味を持ったという人もけっこういました。あれは日露戦争直後の明治時代が舞台になっていますが、現代社会には『ゴールデンカムイ』の主人公・アシㇼパのようなアイヌは、もちろんいません。和人（日本に住むマジョリティーをさす）とアイヌとの付き合いは、すでに数百年にわたっています。その間に、アイヌも和人も、互いの文化や、西洋など他の文化をとりいれ、生活スタイルを変化させながら今に至っています。しかし、授業でアイヌの独自性や「伝統的」な姿についてだけ紹介していると、アイヌはいまもチセ（茅葺の家）に住み、アミㇷ゚（アイヌ文様の入った着物）を着て、鹿や熊や鮭をとって食べている、と思ってしまう人もいる。「現代のアイヌ民族は、和人と変わらない、普通の暮らしをしています」と口で伝えただけでは、なかなか想像しにくいことのようです。

そこで、公益財団法人アイヌ民族文化財団が作成した「もっと知りたい！　私たちのこと」というビデオ（「現在編」・約20分）を観ることにしました（https://www.youtube.com/watch?v=sNKuD0z3-fY）。

以下は、この動画をみたあと、みなさんに書いてもらった感想です。

・アイヌが、いまはアイヌ語を話していないことにビックリしました。みなさんアイヌ語を話すと思っていました。
・みんな日本語がとてもうまくて驚きました。
・アイヌの方と和人の方が結婚しているのが多かったですが、二つの国の出会い方はなにが多いのですか。昔から交流などがあったのでしょうか。
・アイヌのルーツをもつ人にも、文化を広めることに意欲的な人もいるし、そうでない人もいて、いろいろな生き方をしている人がいるのが分かりました。アイヌの人々も世界中の先住民と同じように同化政策や差別された歴史があったんのだなと思いました。
・アイヌの文化をあまり知る機会がなく、アイヌ語を話せる人も本当にいるの？　くらいのイメージを持っていました。
・日常のためにアイヌ語よりも日本語や生活を優先した方たちにとっても、もっとアイヌ文化やアイヌ語が、どのような文化なのか、興味を持ち、誇れるものであると認識する日本人が増えていく未来になってほしいと強く思いました。
・アイヌがルーツというだけで差別的な扱いを受けることに驚きました。
・上の世代（祖父母以上）の人には〔アイヌ語が〕ペラペラな人がいるのかなあ、なんて考えていました。それがまさか、上の世代の方のほうが、アイヌ語を継承するなんて…と、〔周囲から〕言われてきたために、実際には話せないことが多かったのだと知り、驚きました。
・アイヌ民族はアイヌだけでアイヌ自身の生活をしているのだろうと勝手に思っていましたが、私たちと同じように生活している人もいるということははじめて知りました。さっきまで友達と、アイヌの人たちにいつかあってみたいねと話していたのですが、もしかしたらどこかですでにあっているかもしれないと思うとおもしろく感じました。

このように、コメント用紙の内容はさまざまで、私は毎回、授業中にいくつかのコメントを選んで読み上げました。同じ教室に集った一人ひとりが、それぞれ何を感じながらこの授業を受けているのか、それをみなさんの目の前に広げることが、かえってアイヌ民族の現状を知らせることになったのではないかと思います。

アイヌ語とはどんなものか？

さて、毎回の授業では、まず前回コメント用紙に書かれた質問に答えながら、前の授業の復習をして、巻末のテキスト部分にあるような初歩的な文法を学んだあと、アイヌの衣食住について紹介する動画をみたり、歌をうたったりする、という構成で行いました。

アイヌ語は日本語の方言と思っている人もいましたが、全く違う系統の言語であり、親縁関係にあたる言葉をもたない「孤立言語」だそうです。語順は日本語と同じときもありますし、日本語から取り入れた単語もたくさんありますが、文法の構造は違っています。また、現在使われているローマ字での表記法（アコロイタㇰ方式）も、英語などで見慣れたスペルとは違うので、はじめのうちは、なじみにくいという感想も多くみられました。

・同じ日本の言葉だから、ちょっとは似ていると思いましたが、全然違うので驚きました。
・単語の形が日本語と違うので、覚えにくいと思いました。子音で終わる単語もたくさんあって、発音も難しかったです。

ある日のコメント用紙に「先生は、アイヌ語を習得して、いつ使うんですか?」という、興味深い質問がありました。この文面から、質問者は、
・アイヌ語の母語話者がすでにないこと
・現代のアイヌは、アイヌ文化のなかだけでなく、和風のものや欧米など、ほかの文化をとりいれて暮らしていること
を知っています。そのうえで、アイヌ語がコミュニケーションの手段として成り立っているのか、と聞いているのです。

実は、私も同じように考えていました。アイヌ語を習う前は、アイヌ語なんか習って、いつ使うんだろう、何に使うんだろう、と思っていたのです。外国語を習得すれば、その国に行って、その土地の人とコミュニケーションすることができます。以前の私にとって、語学を習得しようとする動機は、それしかなかったと言えます。

しかし、アイヌ語を習ってみると、どんどんおもしろくなっていきました。自分が子どものころ聞き流していた音に、意味があることがわかったのです。

たとえば「熊」は、アイヌ語で「キムンカムイ」といい、kim(山)・un(にいる)・kamuy(カム

イ）と分解して意味をとることができます。あるいは「鶴」は、「サロルンチカㇷ゚」といい、sar（葦原）・or un（のところにいる）・cikap（鳥）という意味になります。日本語の「熊」や「鶴」は名前であるというだけで、その動物を説明したものではありませんが、アイヌ語は呼び名に意味があります。その意味のつらなりで文章ができていて、その文章のつらなりで、日常の言葉や物語などができているのです。おおげさにひびくかもしれませんが、私にはそれがアイヌ語に熱中していくきっかけとなりました。ですので、私がアイヌ語を勉強してきたなかで、楽しいと思った感じを、みなさんにも感じてほしいと思いました。

授業の初期と終盤に「サマイクㇽのイム――コンル　カ　タ」(https://www.youtube.com/watch?v=TGwkOlv-0X0) という早口言葉をアニメ化した動画を、二度見ました。

字幕もついているので、アイヌ語がわからなくても楽しめます。授業の終盤にかけて、いくつかの物語をアニメでみましたが、そのころには、以下のような感想が出るようになりました。

・いままでアイヌ語を勉強してきて、アニメーションの字幕をみなくても少しなら意味が理解できるようになり、うれしいです。

・この授業をとってなかったら、アイヌ語も一つもわからないままだったし、民族衣装や早口言葉も知らないままでした。「カムイ」のイントネーションも間違っているままでした（「カ」ではなく「ム」にアクセントがあるのが正しい）。

意味がわかって物語を聞くと、たとえその一部だけでも聞き取れたときは、うれしいものです。コミュニケーションの道具として言葉を学ぶことも楽しいのですが、アイヌ語という言語の体系を知ることで、自分の言葉の使い方に幅が生まれたような気がします。

自他を区別する

よく知られていることですが、アイヌ語には文字がありませんでした。たくさん残されている物語や、歌、祈りの言葉、ことばあそびなどは、すべて口承によって伝えられたものです。人類学者によると、人類で最初の文字は税金などを記録するためのものだったそうです。また、文字というものはおしなべて特権階級のものだったとも言われ、金や他人を管理するための文字は、アイヌ社会にとって不要だったといえます。

ただ、いまだに文字がないわけではなく、初期のアイヌ語記録は、アイヌ語になじみのよいローマ字でなされました（子音で終わる単語があるため）。以後、カタカナを使ったり、日本語には発音のない文字を自分でつくってアイヌ語を書き記した人もいます。

アイヌ語を知らない人に、アイヌ語とはどんな言葉なのか、どう説明したらいいか、と考えてみて、私がなんとなくイメージしたのは、「カーナビ」でした。

アイヌ語では、文章のなかの動詞一つひとつに、かならずその行為者の人称をつけなければなりません。日本語では主語を省略したり、わざとぼかしたりすることができますが、アイヌ語は「私はどうする」「あなたはどうする」と、そのつど主語をはっきりさせながら話を進めます。

また、地名のつけかたも、「○○がある場所」とか「形が○○になっているところ」とか、その場所の特徴で呼んでいます。アイヌ語の地名の多くは、生活の空間を説明する言葉なのです。北海道の地名には「○○別」や「○○内」といったものが多いですが、「別」や「内」は川のことで、もともとはその川の特徴から名づけられ、それが地名にもなったものです。川は、移動のためのルートであり、生活という観点からすれば、「水道」であり、魚たちが上ってくる場所ですから、大切な、神聖な場所なので、小さな川にもきちんと名前がつけられています。

私がカーナビを思い浮かべたのは、自分の位置(車の現在位置である矢印)が画面の真ん中にあって、周囲の東西南北のほうが動くところからです。アイヌにとって言葉とは、自分が中心にあり、常に自分と相手の立場を明確にするようにできている。自分と他者の関係をきっちり分けられる、ある意味とても健康な言葉です。また、土地を俯瞰して把握するのではなく、そこを移動していく人の視点に立った「順路」として、その土地をとらえているのです。

それは人間同士の関係にとどまらず、カムイ（人間以外のもの）と自分の関係をきちんと持つことができる、という意味でもあります。人間以外のすべてのものがカムイだと考えるアイヌは、逆に言えば、自己をきちんと確立することを重視しているのです。アイヌはカムイに祈りを捧げますが、その関係は一方的なものではなく、カムイに対してすべきことをきちんとしたうえで、「なぜカムイのほうは人間に対してきちんと役割を果たさないのか」とクレームをつけることもあります。カムイと人間の関係は、約束を守っているかぎり対等なものだ、という考えです。人称接辞やものの位置（場所）の説明のしかたにうるさいアイヌ語は、そういう哲学に支えられているのではないかと思います。

「母語」話者はたくさんいる

上の世代のほうがアイヌ語を話せると思ったが、今では若い人たちのほうが話せると知って驚いた、というコメントがありました。それは家族ごとに少しずつ違うのかもしれませんが、私の家族のなかでアイヌ語はどのように使われなくなっていったかを説明すると、以下のようになります。

私の曾祖父は1904年生まれで、母語はアイヌ語だったと思います。その後、長年漁師として働き、母の話では、アイヌ語を話したのを見たこともなかったし、話せることも知らなかったそうです。それほど、家のなかではアイヌについて語り合うことはなかったのです。

祖父や祖母の世代は、おそらく家ではアイヌ語と日本語の両方で育ったと思います。けれども、母の世代になると、家ではアイヌ語はまったく使われませんでした。だから、母はアイヌ語を話しませんし、もちろん私も話せませんでした。私が育った阿寒湖畔のアイヌコタンには、アイヌ語を母語として育った長老格の人が何人もいました。けれども、そういう人が家族のなかにいたとしても、家のなかではあまり使われていなかったはずです。

その理由の最大のものは、ちょうど曾祖父が生まれたころから、アイヌを「救済」するという名目で、日本国家によるアイヌへの「教育」が始まったことです。そして、そうなった結果、「もうこれからはアイヌ語ではなく、和人の社会で生きていきなさい」と、親が子どもにアイヌ語を教えなくなりました。アイヌに対する差別も厳然とありましたし、アイヌ自身が、社会の動きを目の当たりにして、みずからアイヌ語を使うことをやめた、ということも、とても大きいと思います。

現在は、アイヌ語・アイヌ文化の復興の動きがさかんになってきています。そして、その担い手はむしろ40歳代以下の若い世代です。とくに私より年下の世代に、アイヌ語の話し手が増えています。『ゴールデンカムイ』の監修者、中川裕先生は私のアイヌ語の先生でもあります。私は出版の仕事をしていますが、先生にインタビューした記録をまとめたのが『アイヌ語のむこうに広がる世界』という本です。

２００９年2月20日、朝日新聞に、なぜかとても大きく、ユネスコが世界で絶滅寸前の言語の数を調査した、という記事が出て、そのなかに当然アイヌ語も数えられていました。記事について、この本のなかで、中川先生は次のように話しています。

「アイヌ語に関してはもはや母語としての話し手ということを問題にすること自体が、いまさら必要のない話だと僕は思っています。（中略）いま、アイヌ語を勉強しているアイヌ人は、全員日本語が母語の人たちです。そして、これからのアイヌ語継承運動にとっては、母語話者が何人いるかということより、アイヌ語を勉強している人たちがどのくらいいるかということのほうが、よっぽど重要なんですよ。アイヌ語を母語とする話者は、いまではほとんどいないし、これから増えることもない。だけど、完全に日本語を母語として育った20代、30代の若いアイヌの中から、アイヌ語をひじょうに流ちょうに話せる人が、いま出てきている。その活動をどう支えるか、彼らがどのように仲間を増やしていけるか。そのほうがよっぽど大きな問題です」

アイヌ語の母語話者はもういないし、「ネイティブ」という存在をこれから生みだすのはとても難しいでしょう。でも、自分の「母語」はこれだと決めて、それを身につけようとする、後発的に身につけた言葉であっても、習い続けたいと思い続ける限りは、「母語」話者は増え続ける。私はこの話を聞いて、とても元気づけられたことを覚えています。自分の出自を前向きにとらえる若い人が増えているというのは、大きな変化だと感じました。そういう若い世代が増えると、上の世代も刺激をうけ、喜んで自分が知っていることを教えてくれます。若い世代が文化の継承に前向きであるという現状は、アイヌ全体に力を与えています。

それだけでなく、これからアイヌ語をはじめるみなさんも「母語」話者になりうるのです。

分かりやすさに逃げずに

私にとっては自分を振り返り、家族のことを知るために大切なアイヌ語ですが、アイヌではない人にとって、アイヌ語を学ぶことは、はたしてどんな意味があるのでしょうか?

歌や踊り、着物などを紹介した授業では、みなさんの関心の高さを感じました。「みんなで歌をうたって楽しかった」「着物を実際に見てとてもきれいだった」という感想は、私もうれしかったです。どんなきっかけでも、実際に別の文化にふれて、楽しい、おもしろいと思うことが、入口になります。

コメント用紙に「家族に学校でアイヌ語を習っている、と話したら『あれはほんとうに呪文(のようなもの)だ』と言われた」と書いた人がいました。具体的な状況はわかりませんが、わざわざそれを私に伝えたその人は、もはや「アイヌ語は呪文だ」とは思っていないことがわかります。授業を受ける前なら、そんなことを感じもしなかったでしょう。博物館でアイヌの展示物をみることや、刺繍や彫刻を習うことも、アイヌに関心をもち、近づくきっかけではあります。けれども私は、アイヌ語という「言葉」を学ぶことこそが、アイヌ文化の最深部に触れることではないかと思っています。

アイヌ語という言葉が、文化のすべてをつないでいるからです。極端にひびくかもしれませんが、一度アイヌ語を習ったら、もう、アイヌを外から見ることはできなくなるのです。

最後の授業で、私はこういう問を出し、みなさんに回答してもらいました。

「『いまも純粋なアイヌっているの？』という問いがあるとして、なぜここで『純粋性』が問われるのか、またその『純粋』とはなにを指すのか」

これは私自身の長年の謎でした。なぜこう聞きたくなるのだろうか。それで、これまでともに学んできたみなさんのお知恵を借りたい、と思いました。

・まず大前提としてアイヌ民族を見たことも会ったこともない人が大半だからだと思います。そして、こんなにも世の中は発展してきていますが、民族といわれると、やはり、昔の伝統を受け継ぎ、生活様式を変えずにきているイメージが強いのではないか？

・アイヌは昔差別されていた過去があるから、質問者は、そのような差別的な意味ではないということを言いたくて、純粋と言っているのだと思う。

・純粋というのは遺伝的に他の民族と交わらずに、その民族固有の血統や特徴を持つことを指すと覚えていますが、遺伝的純粋性よりも重要だと思うのが、文化・言語・伝統を受け継ぎ、アイヌのアイデンティティーを持ち続けることだと思いました。純粋なアイヌ人はほとんどいないかもだけど、アイヌの文化や伝統を受け継いでいる人々はいまもたくさん存在し、大切にしていると思います。

・私はこの授業を受けるまで、アイヌ人は、もういないのだと思っていました。そして、アイヌ人は日本語を話せないし、狩りなどをして生活するものだと思っていました。だから現代にはいないと考えていました。授業をうけてアイヌ人は日本語を話して、私たち日本人と同じような生活をしながら、後でアイヌ語を学ぶことが多いとわかりました。やはりアイヌの文化を語り継ぐことだと思いますが、アイヌの人がすることもできますが、他の人もアイヌの文化を学んで共に後世に残していくこともできるのではないかと考えました。

毎回の授業の帰り道、コメント用紙を読むのがとても楽しみでした。なんか伝わってないな……と思って落ち込むこともありましたが、ほとんどのコメントはとても面白く、引き込まれ、教えられました。帰途、電車を二度乗り換える必要があるのに、コメント用紙を読むのに夢中になり、乗り過ごしたことが何度かありました。「純粋性」についての回答も、みなさんよく考えてくださったと思います。この問に正解はないと思いますが、いろんなヒントを与えられました。

アイヌの語りものの一つに、ウエペケㇾがあります。辞書的には、「民話（昔話）を語る」という意味の自動詞です。ウ・エ・ペケㇾは「互い・に・明るくなる」と、分解して意味をとることができます。日本語でも「○○の分野に明るい人」という表現がありますが、明るくなるとは、この場合、知識が増えることをいいます。「民話（昔話）を語る」とは、人を楽しませるための、おもしろいお話を語ることもありますが、もう一つは、経験談を語ることです。こういうときはこうしたほうがいいよ、という、先人から未来の人への教訓です。困難が起こったとき、もっとも助けになるのは、他人からの助言です。教訓をわかちあって、たがいに明るくなる。それが対話です。今の世の中には、対話が足りないと思いませんか？　アイヌ語を通して、自分の意見をたしかめ、それを相手に知らせてみてほしいと思います。アイヌ語を知ることで、アイヌを内側からみて、自分が育った文化を再確認してほしい。安易な答えや、わかりやすさに逃げず、一人ひとりがもつ世界の豊かさ、複雑さを、ともに分かちあっていけたらと思います。

第2章　先住民族アイヌの歴史――先住権の保障に向けて

石川康宏　神戸女学院大学名誉教授

「先住民族」に「先住権」の保障は当たり前

２０１９年４月に日本の国会で成立し、その年の５月に施行されたいわゆる「アイヌ施策推進法」(「アイヌの人々の誇りが尊重される社会を実現するための施策の推進に関する法律」)は、第１条に「日本列島北部周辺、とりわけ北海道の先住民族であるアイヌの人々の誇りの源泉であるアイヌの伝統及びアイヌ文化…」という文章を含みました。

日本の国は「アイヌの人々」を少なくとも日本列島北部周辺、特に北海道の「先住民族」と認めており、その大前提の上に「アイヌの人々の誇りが尊重される社会を実現するための施策」の推進を方針としたわけです。

しかし、そこには大きな課題も残っています。この法律には、「先住民族」であれば直ちに保障されるべき「先住権」の規定がまるで入っていません。世界的には「先住民族」であるということと政府による「先住権」の保障はワンセットになっていますが、日本ではそれが断ち切られてしまっているのです。

「日本は単一民族国家」ではない

ここにいたる経過を少し見てみましょう。いまから40年ほど前、1980年代の日本政府は、日本には「少数民族」はいないという立場をとっていました。それを端的に表わしたのが、中曽根康弘首相（当時）が1986年に国会で行なった「日本は単一民族国家であり、差別を受けている少数民族はいない」という発言でした。

しかし、その後、アイヌ初の国会議員である萱野茂さんの努力もあって、1997年には「アイヌ文化振興法」（「アイヌ文化の振興並びにアイヌの伝統等に関する知識の普及及び啓発に関する法律」）がつくられます。第1条には「アイヌの人々の民族としての誇りが尊重される社会の実現を図り、あわせて我が国の多様な文化の発展に寄与することを目的とする」という文章があり、これによって日本政府は現代におけるアイヌ「民族」の存在を初めて公式に認め、その「誇りが尊重される社会の実現」をめざすことになったのでした。

それにしても右の中曽根発言ですが、日本にはアイヌの他にも、琉球、朝鮮、中国など様々な民族的ルーツをもつ人が長く暮らしていることは明白で、その中で「日本は単一民族国家」と発言するのは、それらの人々の存在自体を無視してしまう大変にひどいものでした。この発言の直後に、アイヌ民族の他にも日本社会の多くの人から強い抗議の声があがったのは当然のことでした。

政府による先住権の保障がいまの課題

とはいえ「アイヌ文化振興法」には、まだ「先住民族」という言葉は入っていません。そこが変化していくには、２００７年に採択された「先住民族の権利に関する国連宣言」――これには日本政府も賛成しました――、２００８年に日本の参議院で行なわれた「アイヌ民族を先住民族とすることを求める決議」（全会一致）が必要でした。

こうした流れの中でアイヌを独自の「民族」と認めるだけでなく「先住民族」と認めたことには、大きな意味がありました。というのも国連宣言は、「先住民族」には「先住権」を保障するのが当たり前という立場に立っていたからです。

本シリーズの1冊目により詳しく書きましたが、たとえば国連宣言は「平等の原則、差別からの自由」（第2条）――アイヌに対するヘイトの禁止に直結します――、「宗教的伝統と慣習の権利、遺骨の返還」（第12条）――研究のためと持ち出された遺骨の返還などに直結します――、「土地や領域、資源に対する権利」（第26条）――いま裁判も行なわれているサケの捕獲をめぐる権利にも直結します――などを細かく定めています。アイヌを「先住民族」と認めることは、これらの権利を政府がアイヌに保障するための施策をとることを意味しました。

ところが先にふれたように「アイヌ施策推進法」はアイヌを「先住民族」と認めたにもかかわらず、彼らへの「先住権」の保障については何一つ具体的な手だてを明らかにしませんでした。日本政府は国連宣言に表向きでは賛成しながら、その実行には非常に消極的なたいへんに不誠実な態度をとったということです。

実は、この法律が成立する直前の２０１９年1月に、麻生太郎副総理（当時）は「２０００年の長きにわたって、一つの国で、一つの場所で、一つの言葉で、一つの民族、一つの天皇という王朝が続いている」と、学問的にはすべてがまちがっているとしかいいようのない不勉強な発言をしていました。かつての中曽根発言と同じように、アイヌだけでなく現代日本には多くの民族が共存しているという、当たり前の事実さえ認められないこうした考え方が、政府の中にいまだ大きな影響力をもっていたということです。

そこで「アイヌ施策推進法」から5年をへた2024年の今日、この法律をアイヌの「先住権」を明快に認めるものへと拡充する動きが起こっています。[1] 同法の第9条に「政府は、この法律の施行後五年を経過した場合において、この法律の施行の状況について検討を加え、必要があると認めるときは、その結果に基づいて所要の措置を講ずるものとする」という文章があり、これを生かそうとしてのことです。

日本列島でのヒトの進化をふりかえる

こうした問題を掘り下げて考えるために、まず手順の一番目として、日本列島におけるヒトの進化の歴史をふりかえってみましょう。「ヒト」とカタカナで書いたのは、一定の社会的・文化的特徴をまとった「人」ではなく、まずはその生物学的な特徴に注目してみようという意味です。[2]

ヒトが日本列島にたどりついたのは4万年前

生物の遺伝情報を担うＤＮＡを化石から読み解く技術の発達によって、私たち現世人類（ホモ・

図1　ユーラシア大陸におけるホモ・サピエンスの初期拡散の様子

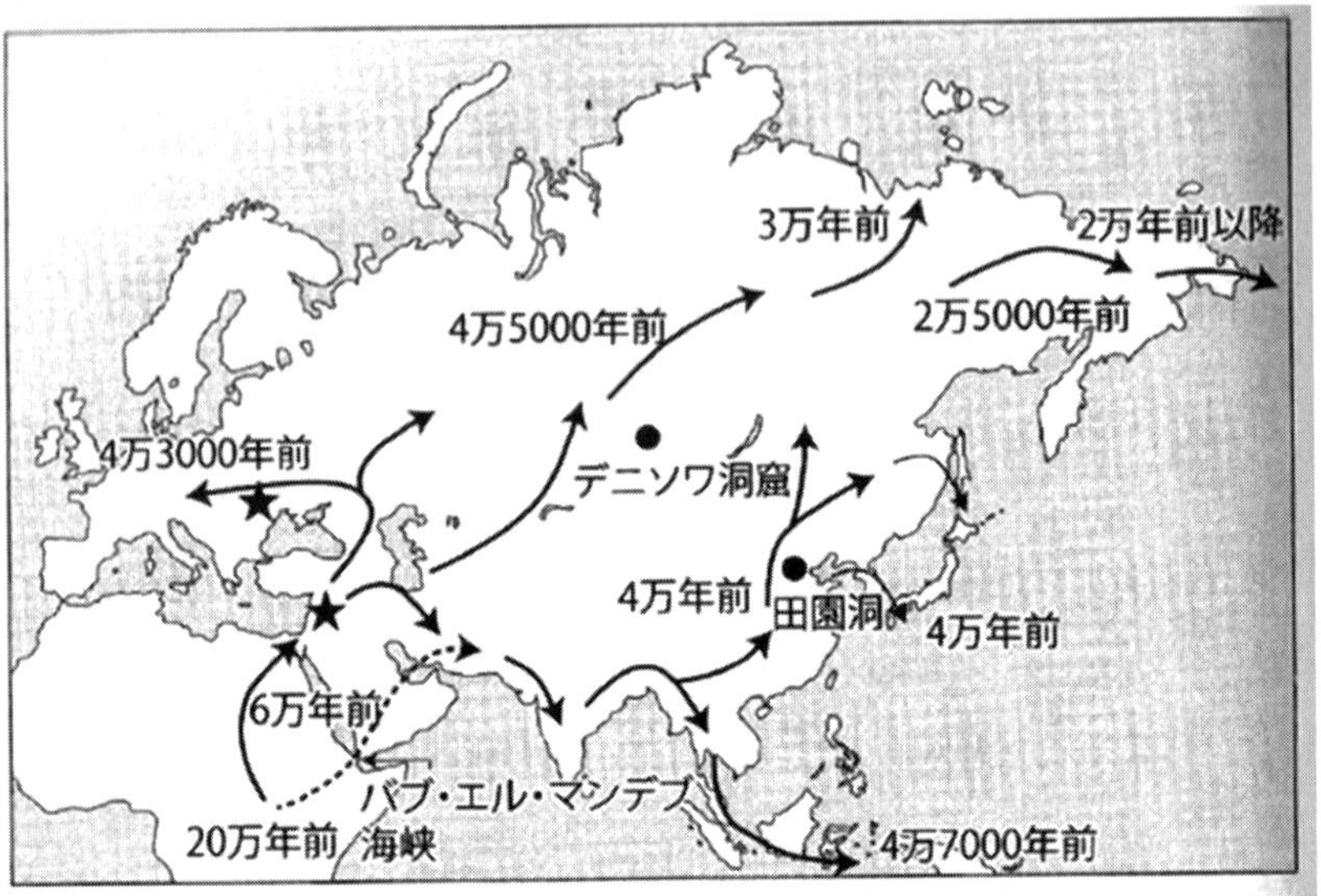

出所：篠田謙一『人類の起源』（中央公論新社、2022年、113頁）

サピエンス）が、もっとも近しい人類であるネアンデルタール人の祖先と分かれたのはおよそ60万年前のことだとわかっています。分かれた後にも両者は交雑を繰り返し、また私たちの祖先はそれ以外の絶滅人類とも交雑していましたから、現世人類は他の人類から隔絶された「純粋な」何者かとして進化してきたわけではありません。

化石の発見の限りでは、最古の現世人類は30～20万年前のアフリカに誕生しています。アフリカ内部での移動や集団の分岐をへながら、その一部が6万年前以降に世界各地に本格的な進出を開始しました。いわゆる「出アフリカ」です。図1（篠田113頁）にあるように、途中、ネアンデルタール人との交雑もへて（★が交雑の証拠がある場所）、この拡がりが遠く離れた日本列島に届いたのはおよそ4万年前のことでした。地球半周のこの長い旅には、2万年もの時間がかかったわけです。なお、こうした経過のために、現代アフリカ人に比べて現代アジア人にはネアンデルタール人のＤＮＡの混入が多くなっているそうです。

日本列島にたどりついたヒトたちは長く旧石器時代の文化をにない、土器をつくり始めた1万3000年前から3000年前くらいまでは縄文時代をつくりました。この時代の日本列島にくらした縄文人は、東南アジアから海岸線沿いに北上したグループと、東アジアの大陸内部を北上したグループの合流によって形成されましたが、合流が日本列島内部でのことだったのか、東アジア沿岸部でのことだったのかについては、まだはっきりしたことがわかっていません。

アイヌ人、「本土日本人」、琉球人の形成

日本を含む現代の東アジア人と縄文人を比較した時、もっとも多くのＤＮＡを共有するのはアイヌ人で、次いで琉球人、さらに本州・四国・九州の「本土日本人」の順となっています。縄文人も遺伝的に均一な集団だったわけではありませんが、その後、この三者の相違をつくる上で大きな役割を果たしたのは、3000年ほど前に九州北部に稲作を持ち込み、弥生時代を開始させた人々が渡来したということでした。

その結果「本土日本人」は、主に朝鮮半島にルーツをもつ集団が、日本列島各地の集団を呑み込むことによって形成されていきます。弥生人は、縄文人の系統を引くヒト、大陸から渡来したヒト、地域と時代によって度合いが変化する両者の混血集団と、遺伝的に極めて多様なヒトから構成されるものとなりました。時代を追って縄文人と渡来した人々の混血が拡がりますが、それに比例して「本

土日本人」に縄文人の影響が強く残ることにならなかったのは、弥生の中期以降や古墳時代にも多くの人々が大陸から渡来したからです。

他方で、琉球には縄文時代以降に九州から集団的な移住がありました。縄文人の移住です。しかし、7300年前に鬼界カルデラを生んだ歴史上まれに見る巨大な火山の爆発によって両者の関係は途切れ、以後、琉球では独自の集団が形成されます。また、アイヌにつらなる北海道の集団には、気候の違いもあって渡来人による稲作の文化が届きません。そのうちにユーラシア大陸の沿海州に起源をもつオホーツク文化をもったヒトたちが北海道に入り込み、北海道には縄文人を基盤にしながらオホーツク文化人の遺伝的影響をうけた集団も形成されます。こうして遺伝的に区別される現代日本の主な3つの集団は、それぞれに独自の経緯をもって成立したのでした。

このようにいうと、現代日本にくらす人にそんなに大きな違いがあるだろうかと、まわりを見ながら首をひねる人も出てくるかもしれません。実は、その直感はなかなかに正しいものといえます。というのも、ヒトを構成する遺伝子の最小限を意味するゲノムでみると、その99・9%が現代世界のあらゆるヒトに共有されており、ここまで見てきた日本列島での集団間の相違も、全体のわずか0・1%の話でしかありません。ヒトはみな基本的には同じであって、その違いはわずか1千分の1しかないのです。

19世紀には「肌の色」などでヒトを区分した「人種」という概念がつくられましたが、その後の研究によってこれはいまでは完全に否定されています。現代自然科学の論文に「人種」という言葉はもはやどこにも登場しなくなっているそうです。

図2　日本列島における文化発展の3系統

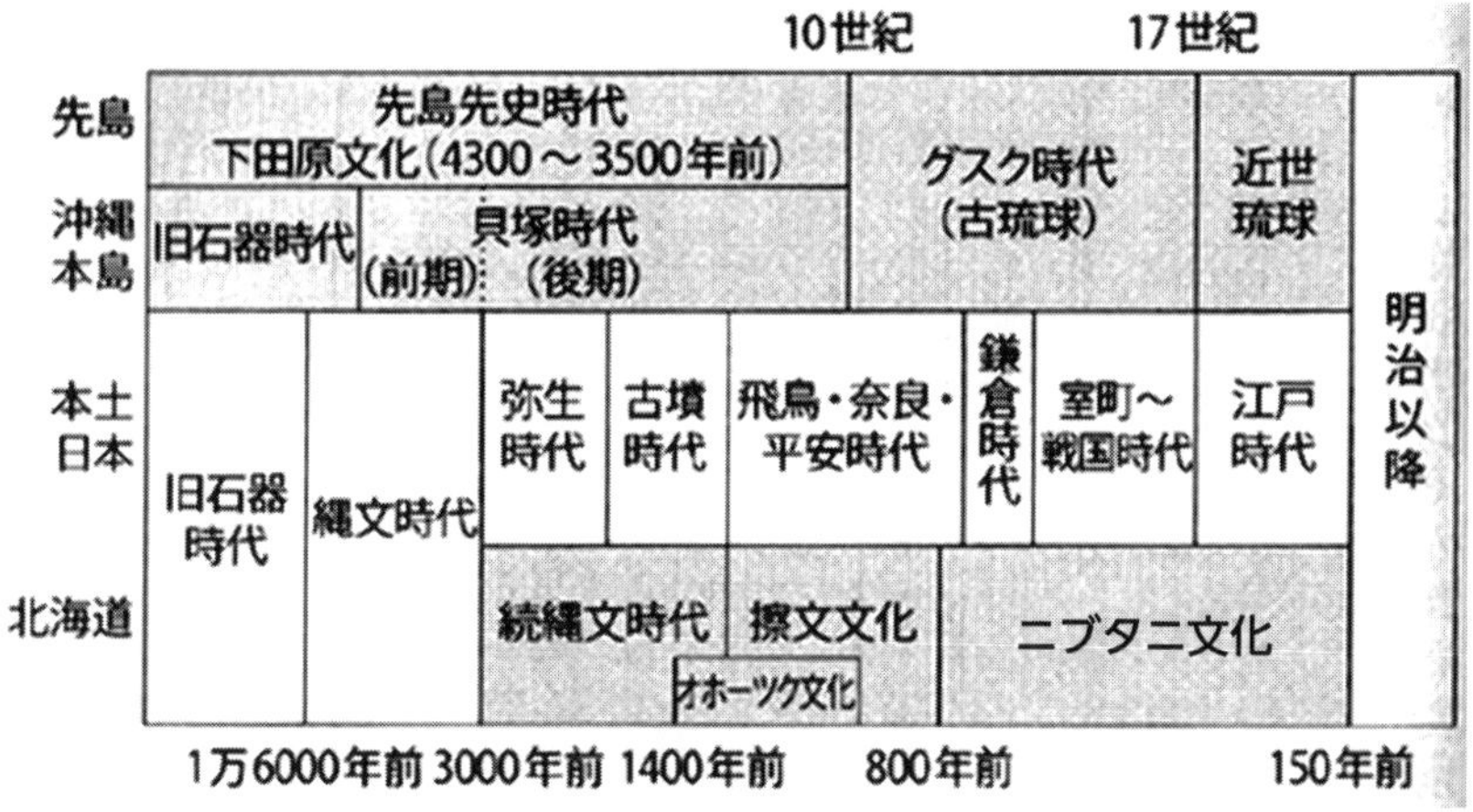
10世紀
17世紀
先島
沖縄本島
本土日本
北海道
先島先史時代
下田原文化（4300～3500年前）
旧石器時代
貝塚時代
（前期）
（後期）
グスク時代
（古琉球）
近世琉球
明治以降
旧石器時代
縄文時代
弥生時代
古墳時代
飛鳥・奈良・平安時代
鎌倉時代
室町～戦国時代
江戸時代
続縄文時代
擦文文化
オホーツク文化
ニブタニ文化
1万6000年前
3000年前
1400年前
800年前
150年前

出所：篠田謙一『人類の起源』（中央公論新社、2022年、199頁、一部修正）

日本列島での「民族」形成の歴史

次に、大きくアイヌ人、琉球人、「本土日本人」として形成されたヒトたちが、どのような社会的・文化的な歴史を築いてきたかという問題に移ります。第2節では脇においた、いわゆる「民族」としての人間集団の側面です。図2（篠田199頁、「アイヌ時代」を「ニブタニ文化」に修正）は、日本列島に大きく三つにわけられる文化の系統があったことを示しています。それが「明治以降」に一挙に一つにまとまっています。

「本土日本」の歴史を見ると、そこには縄文、弥生、古墳、飛鳥…と学校の「日本史」でおなじみの時代区分がつづいています。しかし、北海道や琉球にはそれとは違った時代区分がならんでいます。あまり馴染みのない言葉が多いかも知れません。それらについてのまとまった解説は、学校の教科書にもほとんど書かれていませんから。少し先回りをしておけば学校「日本史」は基本的に「明治以降」にアイヌと琉球を呑み込んでいった「本土日本」

の歴史をさかのぼったものに限られています。日本列島での人の歴史の全体に必ずしも公平に目を配るものにはなっていないのです。ここは日本の歴史教育の大きな問題点の一つです。

アイヌ民族、和民族、琉球民族の歴史

「民族」という言葉には、歴史的にさまざまな定義が与えられてきましたが、現代では言語や宗教（世界観）などの文化の共有とともに、お互いを同族だと思う意識や連帯感、当人のアイデンティティを重視するものになっています。その中で現代のアイヌ民族は、アイヌ語やアイヌの伝統的な世界観、それにもとづく儀式の共有などは限られたものになっていますが、それらを学び、継承し、「明治以降」に明治の国家権力によって奪われた言語や文化や生活を取り戻そうとする各種の取り組みは、それぞれの強い連帯感に支えられたものとなっています。

ところで、アイヌの人をアイヌ民族と呼び、琉球の人を琉球民族と呼ぶ時、「本土日本」の人は何民族と呼ばれるでしょう。琉球の人は「本土日本」の人を「ヤマトゥンチュ」と呼び、アイヌは「シサム」と呼びました。しかし、当の「本土日本人」には民族名として定着した自称がありません。「私たちは〇〇民族です」という共通認識がないのです。「日本は単一民族国家だ」という理解に立てば「日本人＝日本民族」ということになるのかも知れません。しかし、日本の国籍法は、日本人とは日本国籍をもつ人のこと、「外国人」はもたない人のこととしていますから、ほとんどのアイヌや琉球の人が日本国籍をもつ日本人となった「明治以降」の日本では、「日本人＝日本民族」はまるで成り立つものではありません。この混乱は現代の日本政府によってもまったく解決されていません。[3]

「本土日本」の人による数少ない自称として、江戸時代に、現在でいう北海道の渡島半島におかれた松前藩の人びとがアイヌに対して自らを「和人」と呼んだ例があります。そこで研究者等は「本土日本」の人の民族名として、「和人」あるいは「和民族」という呼び方を提案しています。日本政府も不正確な用法ながら国連への報告書で「アイヌ以外の日本人」を「Ｗａｊｉｎ（和人）」と呼んだことがあります。[4] 本シリーズも第1冊から「和人」という言葉を使ってきましたが、それが民族名であることを明確にする意味では「和民族」の方が、より適切であったかも知れません。

こうして現代「日本人（日本国籍をもつ人）」には、朝鮮、中国、東南アジア、南米など様々なルーツの人がふくまれていますが、歴史を大きくふりかえるなら、日本列島にはアイヌ民族、和民族、琉球民族の主に三つの系統からなる民族が、互いに交流しながら独自の歴史をつくってきたのでした。少なくとも近代以降の日本の国家は、最初からこの3つの民族を含む「多民族国家」だったわけです。

補足しておけば、民族は、必ずしも遺伝的に共通の性質で括られるものではありません。ヒトは誰もが複雑な「混血」の産物ですが、アイヌと「本土日本人」の間にも「混血」はあり、そうして生まれたヒトがアイヌ民族として育つか、和民族として育つかは、個々の具体的な事情によって決まります。実際、和民族の子どもがアイヌに育てられ、アイヌ語やアイヌの文化、アイヌとしての同属意識をもったアイヌ民族として成長することもありました。さらに現代におけるグローバリゼーションの進展は、国境を超えた人の移動を加速し「国際結婚」を増やすなど、「民族」としての特徴とヒトとしての遺伝子の共通性のずれをますます大きくしています。

アイヌ民族と和民族の関わり

長い歴史の中でのアイヌ民族の活動領域は、現代日本の領土に収まるものではありませんでした。そもそも日本という国の主権が及ぶ領土がロシアや中国など周辺の国家との合意の下に確定されていくのは、明治以降のことであり、それ以前にはそれら大国の権力の勝手な事情とは無関係に、その土地に住む人びとが自由に行動していました。アイヌも、北海道だけではなく、東北、サハリン（樺太）、千島列島など広い地域にくらし、相互に交流していましたし、アイヌ以外の民族とも広く関わりをもっていました。

アイヌといえば狩猟採集民族という印象が強いかも知れませんが、同時に、アイヌは相当に積極的な交易の民でもありました。本州の和民族との交易だけでなく、サハリンから大陸に入り込んでの交易もあり、13世紀にはサハリン北部に進んだアイヌとニブフ民族との争いで、ニブフが元（中国）に助けを求めたことから、アイヌと元との闘いも起こっています（１２６４年）。それは「日本史」が元寇と教える「文永の役」（１２７４年）、「弘安の役」（１２８１年）より10年も早く起こったことでした。以下では、主にアイヌ民族と和民族の歴史的な関係を紹介してみます。

続縄文時代からの北海道の独自の文化

稲作文化をもった渡来人がやってきたことで、本土には、和民族の文化をになう弥生人が次第に形成されてきます。しかし、本来熱帯性のイネは寒冷な北海道の気候にはあわず、北海道の縄文人は本土でいう弥生時代にこれとは異なる続縄文時代をつくっていきました。

本土の古墳時代になると寒冷化によって東北の稲作が後退し、そこに北海道から続縄文人が海を渡って南下します。他方で、北のサハリンからアザラシやクジラなど海獣の狩猟や漁業の文化をもったオホーツク文化人（先のニブフ民族の祖先）が北海道にやってきます。この時期にオホーツク文化人の影響を受けて、現代のアイヌ民族につらなる遺伝的な特徴が生みだされました。

本土の飛鳥、奈良、平安時代に、北海道は擦文文化の時代を形成しますが、そのはじまりは東北北部から農耕文化をもつ人たちが移住してきたことでした。これによってアイヌ民族は、地域差はあるものの全体として狩猟・漁労・採集・農耕・交易をミックスした生活を送るように変わります。この擦文文化が全域にひろがるなかで、オホーツク文化は北海道から姿を消していったのでした。

平安時代の11世紀に、東北北部では、竪穴住居から平地住居への変化が起こり、土器の代わりに鉄の鍋や漆のお碗が使われるようになります。鎌倉幕府の執権だった北条氏の家臣である安藤氏は「十《と》三《さ》湊《みなと》」（青森県）を拠点に北海道との交易を拡大しますが、アイヌの人々も、13世紀には北海道の全域で竪穴住居と土器を使わなくなります。ここから現代の人々が「アイヌの文化」としてイメージしやすい「ニブタニ文化」の時代が始まります。[5] なお「十三湊」では北海道産の昆布や干鮭が大量に取り引きされていましたが、長くアイヌが交易の民であり続けられたのは、アイヌが交易に値する様々な品物を採取、生産（加工）する力をもっていたからでした。

アイヌと和民族の交易、和民族による収奪

元とたたかったアイヌは、１３０８年に降伏して、以後、獣皮を献納して元に朝貢するようになります。ただし、アイヌは北海道全体に統一された国家をつくっていたわけではなく、これはサハリン北部まで攻め入ったアイヌの一つの集団が行なっていたことでした。１３６８年には中国に明が起こりますが、その影響力はサハリンにもおよび、周辺民族からの朝貢に明は下賜品を与えました。本土の江戸時代に、アイヌは中国の清から受け取る下賜品を和民族との交易に活用する「山丹交易」を行ないますが、その原型はこの時代につくられたものでした。

交易が拡大する中、15世紀までには北海道の渡島半島に「道南十二館」と呼ばれる和民族の拠点がつくられます。これによってアイヌと和民族の直接的な交流が拡がりますが、１４５６年にはアイヌの若者が和民族の鍛冶屋に依頼した小刀の出来ばえをめぐる争いから、青年が鍛冶屋に殺されるという事件も起こります。これを一つのきっかけに翌１４５７年にはコシャマインをリーダーとする大規模なたたかいが起こり、「道南十二館」は2カ所をのぞいて陥落しますが、最終的には和民族側が勝利します。その後も両者の争いは絶えず、しばしば交易も中断されました。

本州から渡島半島に進出していた蠣崎《かきざき》氏は豊臣秀吉や徳川家康に服従し「蝦夷地」（当時の和民族による北海道の呼び名）の支配をまかされます。とはいえ、アイヌのことはアイヌにまかせよというのが家康等の基本的な方針で、千島列島や中国の品も持ち寄る各地のアイヌとの交易は互いに対等な立場で行なわれていました。

蠣崎氏は１５９９年に松前氏と姓をあらため、後の松前藩主となりますが、交易による自らの利

益の拡大のために、アイヌと他藩との交易を禁じ、さらに交易の場を北海道沿岸各地の「商場《あきないば》」に限定します。そして交易での交換レートを和民族に有利に変更し、アイヌからの収奪を深めていきました。

その後、北海道南西部の東西二つのアイヌのグループに衝突が起こり、西側のグループが松前藩に支援を要請するという出来事が起こります。松前藩はこれを断りますが、要請からの帰り道でリーダーの1人が病死した時、これを「和民族による毒殺」と受け止めて東西のアイヌグループは和睦し、協力して松前藩への蜂起に立ち上がります。これがシャクシャインを指導者とした1669年のたたかいです。松前藩からの知らせに江戸幕府は旗本を派兵し、津軽藩、南部藩などに軍事支援も指示して、同年アイヌ側は敗北します。勝利した松前藩は各地のアイヌに「償いの品」を差し出させ、「殿様に服従」などの「七カ条の起請文」を認めさせていきました。

大国間の国境画定に翻弄されて

ロシアの南下をきっかけに

こうしてアイヌ民族に対する和民族の収奪が深まったところへ、新たに大きな力が日本列島の外から加わってきます。ロシアの南下です。日本との交易や毛皮を求めてカムチャッカ半島を南下したロシアは、1711年には千島アイヌに毛皮の献納を課し、1778～9年には北海道の厚岸で松前藩に交易を求めて断られます。こうしたロシアの領土拡大を恐れた幕府の老中・田沼意次は1785年に「蝦夷地調査隊」を派遣し、北海道への移民も画策します。しかし、田沼の失脚によってこの計画は立ち消えになりました。

この時期には、北海道、サハリン（樺太）、千島列島南部に和民族が漁場を開いていましたが、そこはもはや不平等な交易による収奪の場ではなく、現地のアイヌを過酷な労働につかせての直接的な搾取が行なわれる場となっていました。1789年にはアイヌの最後の組織的抵抗といわれるクナシリ＝メナシのたたかいが、千島列島南端の国後島と対岸の根室地方で起こります。たたかいはほどなく収束しますが、江戸幕府はアイヌとロシアの結託を恐れて、1799年に「蝦夷地」の多くを幕府の直轄領としました。また前年の1798年には180人の「探検隊」を「蝦夷地」に送り込み、千島列島の択捉島に「大日本恵土呂府《えとろふ》」と書いた木柱を立てさせます。その北隣りのウルップ島にはすでにロシア人が進出していたので、なんとかここでロシアの南下を食い止めようとしたのです。幕府は「蝦夷地」の先に「異国境」を設け、千島列島南部、サハリン（樺太）、「蝦夷地」を「日本」の領土と位置づけて、「蝦夷地」に新たに東北諸藩の藩兵を駐留させていきました。

直轄領とした「蝦夷地」のアイヌに幕府は同化（和民族化）政策をとりますが、大きな成果はあげられず、また出費も大きいとのことで1821年に「蝦夷地」を松前藩にもどします。その後も「蝦夷地」の大半で場所請負商人による経済的な支配がつづき、アイヌは和民族の4分の1程度の低い賃金で、また格別に劣悪な環境のもとで働かされました。

明治政府が北海道を植民地支配

1853年のペリー来航をきっかけに幕府の鎖国政策が転換され、1859年には北海道の箱館

（函館）を含む4つの港が開かれます。海外からの来訪者が増える中、政府はアイヌを日本の一員と見せるために、その土地、土地の人を意味する「土人」と呼ぶようになります[6,7]。そして、和服の着用や、髷を結うなど外面の同化を強要しました。

江戸幕府が倒れ、明治政府が樹立されると、政府はただちに「蝦夷地」を「北海道」と改称し、日本の領土と宣言します（1869年、明治2年）。これは多くのアイヌが永く暮らした土地を何の話し合いもなく、一方的に日本領に組み入れる植民地化の宣言でした。1871年に政府はアイヌを「平民」として日本の戸籍に強制的に編入し、あわせてそこに「旧土人」と書き込むことで引き続く差別の種を残しました。女性の顔への入れ墨や男性の耳飾りを禁止し、名前を和民族風に変えさせ、狩猟や漁労を禁止あるいは大幅に制限して生活の糧を奪い、質の悪い土地しか与えないにもかかわらず農耕民として生きることを強制しました。また「開拓」と称して20世紀初頭までに100万人を超える和民族を移住させ、アイヌを北海道における少数者としていきました。「開拓」という表現は、それまでの北海道をあたかも無主の地であったかのように扱い、アイヌ民族に対する支配という事柄の本質を曖昧にするものです。

1875年に日本とロシアの政府は、サハリン（樺太）をロシア領とし、千島列島を日本領と決めた「樺太千島交換条約」を結びました。樺太や千島列島に暮らす人々には何の相談もないままでのことです。これにともない海の民だった800人を超える樺太アイヌが、北海道の宗谷に移住させられ、翌年には石狩平野の対雁《ついしかり》で農業を強制されました。この人たちの半数近くが1886年にはコレラと天然痘で亡くなります。1884年には千島列島北端のシュムシュ島の千島アイヌおよそ

100人が色丹島に移住させられ、ここでも農業を強制されていきました。

1899年に日本政府は、アイヌの窮状を見かねて保護するとの建前で「北海道旧土人保護法」を成立させます。しかし、その内容は、アイヌが暮らした土地を取り上げて和民族に払い下げ、それでも残った山林、原野など農業には不向きな土地の開墾をアイヌに命じるもので、とても「保護」の名に値するものではありませんでした。またアイヌの「部落」に「小学校」を設け、子どもたちに和民族への同化を強要していきました。「国語」として日本語が教えられ、算数や修身（道徳）が日本語で教えられる一方、アイヌ語やアイヌ文化の継承の機会はまったく保障されませんでした。

あらためて「先住民族」とは、言語権と言語の多様性

本章の冒頭で、21世紀日本の法律はようやくアイヌを「先住民族」と認めたが、いまだ「先住権」を認めるものになってはいないと書きました。そこでは「先住民族」とはどういう民族のことかという説明をあえてしないままにしておきましたので、それをここで補っておきます。

「先住民族」という言葉の意味

常識的な言葉の使い方としては「先住民族」は「先に住んでいた民族」ということでしょう。しかし、それは「先住民族」についてのいわば昔の用法で、たとえば2007年に国連が「先住民族の権利宣言」を採択した時、そこでいわれた「先住民族」はすでに別の意味をもつ言葉となっていました。日本

政府はこの国連「宣言」に賛成し、2008年の国会での「アイヌ民族を先住民族とすることを求める決議」を受けて、同年「アイヌ政策のあり方に関する有識者懇談会」を立ち上げますが、たとえば、その懇談会が2009年にまとめた報告書は「先住民族」を次のように定義しました。

「先住民族とは、一地域に、歴史的に国家の統治が及ぶ前から、国家を構成する多数民族と異なる文化とアイデンティティを持つ民族として居住し、その後、その意に関わらずこの多数民族の支配を受けながらも、なお独自の文化とアイデンティティを喪失することなく同地域に居住している民族である」

歴史を振り返ると、近代になって各国は互いを法的に承認しあう国家と国際秩序を形成していきますが、そのための国境画定にあたって、ちょうど日本とロシアがサハリン（樺太）や千島列島にくらした少数民族の意向を考慮せず、日本が北海道にくらしたアイヌ民族の意向を考慮しなかったように、多くの民族がその民族本来の生活を大きな国家によって奪い取られていきました。国連「宣言」は、そうした世界の歴史を直視して、各国が民族の尊厳を踏みにじられた人々に謝罪し、民族としての権利の回復につとめることを呼びかけたのでした。「宣言」が念頭した「先住民族」とはこのような民族のことであり、国連はそうした意味での「先住民族」が世界に少なくとも5000はあるとしています。アイヌ民族はそのような「先住民族」の一つですから、それを「先住民族」と認めながら諸権利の回復に向かわない日本政府の不誠実な姿勢は国際社会でも厳しく批判されるものとなっています。

先住権の1つとしての言語権

アイヌ民族の権利回復という時、具体的にどういう権利をどういう方法で回復していくのが適切かについては、政府とアイヌとの間でしっかり話し合われるべき問題です。本シリーズの第1冊では、特に裁判にもなっているサケの捕獲に関する権利、研究のためと称して持ち去られた遺骨返還の問題をとりあげましたが、ここでは「言語権」の回復について述べておきます。

「言語権」というのはあまり聞き慣れない言葉ですが、誰がどういう言語を用いるかについての権利の尊重は、じつは1948年の「世界人権宣言」はじめ多くの機会に確認されてきたことです。「先住民族の権利に関する国連宣言」も「先住民族は、自らの文化的な教育方法および学習法に適した方法で、独自の言語で教育を提供する教育制度及び施設を設立し、管理する権利を有する」「国家は、先住民族と連携して、その共同体の外に居住する者を含め先住民族である個人、特に子どもが、可能な場合に、独自の文化および言語による教育に対してアクセス（到達もしくは入手し、利用）できるよう、効果的措置をとる」（第14条・教育の権利）としています。

日本では明治政府が1871年の布達（行政命令）を手始めに、アイヌに和民族の言語の使用を強制し、また一方的な「開拓」をつうじて北海道に和民族の言語の使用なしには生きることのできない社会環境をつくってきました。教育や医療もアイヌ語では受けることができず、役所の手続きもアイヌ語では済ませることができない等の状況がつくられてしまったのです。したがって言語権の保障という時には、単にその言語を学ぶ機会が保障されるだけでなく、その言語を使って生活することのできる社会環境の整備が不可欠となります。本シリーズの第2冊には、アイヌ語を少なくとも北海道の公用語にしたいという言葉を紹介しましたが、それはこうした環境整備の推進を意味するものでした。

言語多様性の大切さ

そもそも言語はコミュニケーションの手段にとどまらず、その言語を形成した人々の文化をもらさず含む、それらの人々のアイデンティティそのものとなっています。だからこそ近代国家による「先住民族」への支配は、世界各地で言語の抹殺を大きな特徴としてきました。「明治以降」の日本政府が、列島内部でのアイヌと琉球への支配に加え、台湾や朝鮮にも支配の手を伸ばした時に、日本語の名前を強制する「創氏改名」や学校での母語の使用禁止などを行なったのもその一例です。

裏を返すと、歴史を遡れば古の地上は極めて多くの言語が共生しあう空間でした。農耕のはじまりによる中央集権的な国家の形成がいくつかの「大言語」を生み、巨大な「帝国」の形成が吸収された各地の言語を「二次的」なものへと格下げし、さらに大航海時代にはじまるヨーロッパ諸国による世界の植民地支配が、世界の言語多様性の衰退を加速しました[8]。こうした現実については「個々の言語とそれに込められた文化の豊かさを葬り去るだけでなく、このような認識と発想の豊かさを失っていくことを意味し、知的存在としての人類の活力が衰微していくことに連なるのではないか」という指摘もされています[9]。

事態は日本列島の内部においても同様で、明治政府は、列島各地の和民族内部での「言語不通」を打開するために、人工的な「国語」や「標準語」の形成に向かい、1900年の小学校令ではじめて「国語」という教科を設定していきます[10]。先にふれたアイヌ「部落」の小学校で教えられたのは、こうして形成された初期の「国語」でしたが、それはアイヌからアイヌ独自の文化や発想を奪い取るだけでなく、和民族の内部においても便利なコミュニケーション・ツールの獲得の一方で、地域による文化の相違や発想の多様性を失わせるものともなっていたのでした。

おわりに

明治の終わりから昭和にかけては、日本語教育を受けたアイヌたちによる日本語での言論・出版活動や、北海道旧土人保護法の改善に向けた「十勝アイヌ旭明社」や「北海道アイヌ協会」などの団体の結成があり、また1923年には知里幸恵『アイヌ神謡集』の発行もありました。明治以後、長期にわたった日本の侵略戦争に対するアイヌの関わりはきわめて多様でしたが、いずれにせよアイヌは自ら望んだのではない戦争に、これもまた自ら望んだのではない「日本国民」として深く巻き込まれていくことになりました。戦後のアイヌにも、和民族への生活の同化を余儀なくされる一方で、民族の復興に向けた様々な取り組みを行ってきた今日までの歴史があります。その一端は、本シリーズ第1冊、第2冊にも収められていますので、ぜひご覧ください。

アイヌ民族への「先住権」の保障を考える上で、本章がいくらかでもお役に立てることを期待します[11]。

【注】

1　たとえばアイヌ政策検討市民会議による「アイヌ施策推進法見直しに向けて（提言）」(https://ainupolicy.jimdofree.com/) があります。

2　この節での人類進化に関する知見は、基本的に篠田謙一『人類の起源』（中央公論新社、２０２２年）によっています。

3　戦後も日本の政治家や官僚が、国会で「日本民族」「大和民族」などの言葉を使ったことはありますが、いずれも非常に曖昧なもので、なぜそう呼べるのかという根拠を示したものはまったくありません。岡本雅享「日本人内部の民族意識と概念の混乱」（『福岡県立大学人間社会学部紀要』第19巻第2号、２０１１年）。

4　「Ｗａｊｉｎ」は日本政府が２０００年に国連に提出した人種差別撤廃条約の国内実施報告書で使用されました。ただし「和人」を「アイヌ以外の日本人」とすれば、琉球の人や朝鮮、中国などにルーツをもつ人も「和人」になってしまいますし、「日本人」という言葉はすでにみたように国籍の有無による括りですから、説明としては大変に混乱したものとなっています。前掲・岡本「日本人内部の民族意識と概念の混乱」より。

5　通常この時代は「アイヌ文化期」などと呼ばれますが、ここに「アイヌ」という言葉を用いると、この時代にとどまらないアイヌ民族の歴史全体との混同が起こるからという瀬川拓郎氏の提案に学び、ここでは「ニブタニ文化期（時代）」としています。ニブタニというのは初めてこの時期の遺跡が広く調査された平取町二風谷の地名にちなんだものです。
瀬川拓郎『アイヌ学入門』（講談社現代新書、２０１５年）などによる。

6　菊地勇夫『アイヌ民族と日本人』（吉川弘文館、２０２３年）は「幕府が『蝦夷人』『夷人』を『土人』に改めたのは、安政三（１８５６）年のことと思われる」（２２２頁）としています。

7　日露和親条約に向けた１８５４年1月の第1回交渉の場で、勘定奉行の川路《かわじ》聖謨《としあきら》は択捉島の帰属をめぐり、アイヌは日本に属する民で、アイヌが住んでいることが日本の領土の証拠になると述べています（上村英明『先住民族の「近代史」』平凡社、２００１年、１０３頁）。１８５５年に日露和親条約が締結されると、江戸幕府は「蝦夷地」を再び幕府の直轄地としてアイヌの同化政策を急ぎましたが、それはこうした発言に根拠を後づけする必要もあってのことでした。

8　この過程については、ニコラス・エヴァンス『危機言語――言語の消滅でわれわれは何を失うのか』（京都大学学術出版会、2013年）の第1章「ウォラムルングンジの子孫たち」による。これに関連して大西正幸「訳者改題」は「だからここでむしろ問われねばならないのは、単一言語社会の歴史的起源であって、その逆ではない」と指摘しています（同書432頁）。

9　宮岡伯人「先住民言語・多様な思考の危機」（『講座世界の先住民族――ファースト・ピープルズの現在・第10巻 失われる文化・失われるアイデンティティ』明石書店、2007年、41頁より。

10　岡本雅享「言語不通の列島から単一言語発言への軌跡」（『福岡県立大学人間社会学部紀要』第17巻第2号、2009年）が、明治における和民族内部での「言語不通」の実態や明治政府主導での「標準語」の形成を検討しています。

11　本文中および本シリーズ第1冊に紹介した文献をのぞいて、本章のために参照した文献に次のものがあります。北原モコットゥナシ・谷本晃久監修『アイヌの真実』（KKベストセラーズ、2020年）、北原モコットゥナシ著・田房永子漫画『アイヌもやもや』（303BOOKS、2023年）、杉本篤史「日本の国内法制と言語権」（『社会言語科学』第22巻第1号、2019年）、野崎剛毅「アイヌ語復興の可能性としての『言語の巣』」（『北海道大学大学院教育学研究院紀要』第138号、2021年）。

第3章　ともに学ぶ〝すきま〟から〝新しい語り〟を模索する

大澤　香
神戸女学院大学准教授

視点をつなぐ語りとは

書店で何気なく手にした、ポーランド生まれの作家オルガ・トカルチュクの『優しい語り手』[1]を読んで以来、「語り」について思いめぐらす日々が続いています。トカルチュクは、現代という時代にあふれる「一人称の語り」の重要性を確認しつつも、「あたらしい種類の語り手」の登場を期待しています。その新しい語り手は、「みずからのうちに登場人物それぞれの視点を含み、さらに各人物の視野を踏み越えて、より多く、よりひろく見ることのできる」語り手だと言われています。[2]

そのような語り手について述べる際、トカルチュクは「聖書のなかの奇跡のような語り手」に言及しています。旧約聖書の創世記の冒頭で、世界の創造を記述しつつ、「そして神は、それをよいとご覧になった」と述べる、この語り手はいったいだれでしょう、と。[3] 小説の語り手であれば、通常「一人称の語り手」と「三人称の語り手」のどちらかであるということになります。けれどもトカルチュクが、新しい語り手のことを「第四人称」と呼んでいることから、一人称／三人称の分類では捉えきれない語り手が想定されているのだとわかります。

視点をつなぐ語り。それはどのような語りなのでしょうか。その語りによって、どのような空間や地平がひらかれるのでしょうか。アイヌ語の語りの世界にヒントをもらいながら、考えてみたいと思います。

アイヌ口承文学の語りの人称

ところで、アイヌ口承文学の中には、「四人称」とも呼ばれる独特の語りの人称が登場します。本シリーズの1冊目の拙稿で、アイヌの神謡（カムイユカㇻ）は、「カムイの目を通して語られる物語」であると述べ、「マムシが人助け」というカムイユカㇻをご紹介しました。カムイユカㇻで「わたし」と語っているのは語り手であるカムイであり、このカムイユカㇻで「わたしの家は／太い太い風倒木／倒木の上端へ下端へ／わたしの細い尾で／ぴょんぴょんと立ち／暮らしていた」と語る「わたし」はマムシのカムイでした。[4]

このカムイユカㇻでも「わたし」と訳されているように、アイヌの物語文学は、主人公が一人称の語りで語る「一人称叙述文学」だと言われてきました。けれども日本語に訳すと「わたし」になるとしても、アイヌ語の表現で見ていくと、「事態はもっとずっと複雑」だと言われます。[5]

アイヌ語の日常会話で「わたし」が主語になる場合は、「ク」という一人称が使われます。これが純粋な意味での一人称で、叙情歌やカムイへの祈りなど、語り手自身が自分の考えを表現する場合に使われる形式です。けれども、英雄叙事詩や散文説話では、物語の中で登場人物が自分のことを指す場合に「ア」という人称が使われます。「ア」は日常会話では、話し相手を含む「私たち」や、不特定の「ある人」、丁寧な表現での「あなた」といった様々な意味で使われる人称です。日常会話でこうした意味を持つ「ア」が、物語の中で使われるようになった経緯について、中川裕氏は、「物語文学中では、そこで語られているのが語り手自身の言葉ではなく、誰か他の人物の言葉をなり代わって語っているのだということを示すため、特定の話者に言及しない人称であるアを用いるようになった」と述べています。[6]

また神謡(カムイユカラ)では、「ア」の他に、「チ」という人称(日常会話では、話し相手を含まない「私たち」の意味)が使われますが、この人称は、叙述者がカムイであることを示す役割があるとも言われます。[7]

「語り」がもたらす共同性

ここで、「語り」という言語行為に関する哲学者の言葉を聞いてみましょう。坂部恵氏は、言語を単なる事実描写の道具と見たり、情報伝達の手段と見る姿勢に、近代科学の認識の客観性への排他的信頼と人間中心主義の影響を指摘します。[8] そして言語行為をより広い意味で考えるために、「うたう」「はなす」などの他の言語行為と比較しながら、「かたり」の成立する場面と特質を明らかにしようとします。

坂部氏は、「かたり」においては、送り手と受け手を含む「主体」が、「個人のレベルをはなれて、より大きな共同体の〈相互主体性〉のレベルにまで、さらにときには神話的想像力の遠い記憶の世界にまでおよぶ下意識あるいはいわゆる集合的無意識のレベルにまで拡大深化される」と言います。[9]「誰某をかたる」という表現が示唆するように、「かたり」は潜在的な二重構造を持ち、〈巫女〉とそれに憑いた〈もの〉の関係や、物語における〈作者〉と〈語り手〉の関係に見られるその二重構造を通して、共同体の共同性の創出基盤ともなる神話的記憶との交錯が生じると言われています。[10]
坂部氏のこれらの言葉は、アイヌの口承文学の語りの場を思い浮かべる時、極めて納得のいくものであるように思います。中川氏は、きみフチ（木村きみさん）からアイヌの物語を聞かせてもらった場面をこのように記しています。

……その間だけは、テレビや、時計や、窓の外を通る車などのいつもの見慣れた世界は姿を消し、かつて、きみフチや彼女の先祖たちが、カムイ「神々」に囲まれ、カムイと語り合って暮したあの世界を、私も彼女に導かれて逍遥するのであった。[11]

ここには、語られる世界（叙述者＝カムイの視点）ときみフチ（語り手）との共同性、そして、さらに聞き手もその共同性の中に参入している姿がうかがえます。前項で触れた、神謡における人称の一つである「チ」は、日常会話では「話し相手を含まない私たち」の意味で、叙述者がカムイであることを際立たせる目的があることが指摘され、従来はこの人称が、神謡の「本来の」人称であると言われることが多かったのですが、中川氏は、「神謡もまた散文説話や英雄叙事詩と同じく、基本的にはアで語られるものであったと考えることもできる」と言います。[12]その場合、先の坂部氏の指摘をも参照しつつ、日常会話で「話し相手を含む私たち」の意味ももつ人称「ア」が、叙述者と語り手、そして聞き手の共同性を創出する基盤となっていると見ることもできるのではないでしょうか。[13]

国立アイヌ民族博物館のアイヌ語解説文と「わたしたち」

2022年度の授業で、学生12名と教員3名で念願の北海道フィールドワークに行きました。フィールドワークでの学びは、本シリーズ二冊目に収録されています。フィールドワークでは、2020年に開館したウポポイの国立アイヌ民族博物館も訪れました。博物館の展示について、フィールドワークでも様々な意見を伺い、フィールドワーク後の話し合いでも話題になりました[14]。

深澤美香氏の論考[15]によると、博物館の基本展示は『私たちの』という切り口でアイヌの人々の視点で語る構成とする」ことが、基本計画の段階から決まっていたそうです。しかしその後様々な意見が出たことから、主語を三人称にするか一人称にするかということについては、各執筆者に任せることとなり、（2023年現在の）展示解説文では、アイヌ語で「私たち」と書かれていれば日本語でも「私たち」と翻訳されているとのことです[16]。この日本語で「私たち」と翻訳された際に、反映しきれなかった「私たち」のさらなる区別があると言われます。その区別とは、本稿でも既に触れた、「話し相手を含む私たち」である人称「ア」と、「話し相手を含まない私たち」である人称「チ」の区別です[17]。

坂田美奈子氏[18]は、国立アイヌ民族博物館の展示が、「日本で一般に普及している『アイヌ史』とは違う歴史の展示」、すなわち「アイヌの視点によるアイヌ史」を模索していることを評価すると同時に[19]、「資料作成の主体と解釈の主体というふたつのレベルを一体化している点」を問題点として指摘しています。アイヌ自らが語るという方針のために語ることのできないテーマが多くなっているとの指摘です[20]。たとえば、なぜアイヌが強制移住させられ、生業であった狩猟漁撈が禁止され、日本語が強要されたのかを「私たち」アイヌの視点から説明することはできず、それは先住民と博物館の協働によって、先住民が知りたいと願う全体像を説明したり明らかにすることが可能になるのだと言われます[21]。

アイヌが自ら語る「私たち」という主語が、歴史展示の制約となっていることを指摘しつつ、坂田氏は、「アイヌ語やアイヌ口頭伝承の教養を持つこと」、すなわち、「アイヌ口頭伝承にみられるアイヌの認識論」を尊重することの意義を述べています[22]。そこで坂田氏が注目しているのが、アイヌ口承文学の中の「四人称（＝叙述者の人称）」です。物語の叙述者と実際の語り手を区別する、すなわち「物語の世界とそれを伝承する世界というふたつのレベルの違い」を認識する、この叙述者の人称によって、アイヌの認識論を尊重しながら、アイヌの歴史を複数の視角から説明したり、全体像を表象する可能性が指摘されています[23]。

坂田氏の提案は、叙述者と語り手を区別することで「アイヌの視点」からの語りの制約を乗り越えるというもので、アイヌ以外の視点からの資料や研究（＝叙述者の視点）を、語り手である「アイヌの視点」から解釈しつつ語ることを意味しているように思われます。

「アイヌ語の叙述者人称概念の導入によって、多様な登場人物の主観的な語りを、アイヌの物語として統合することが可能ではないだろうか」[24]。これは、冒頭で触れた「みずからのうちに登場人物それぞれの視点を含み、さらに各人物の視野を踏み越えて、より多く、よりひろく見ることのできる語り手」による「視点をつなぐ語り」の一つの具体例と言えるかもしれません。

ともに学ぶことを可能にする「すきま」

前項で述べた「叙述者の人称」について、坂田氏は、「話し相手を含まない私たち」である人称「チ」ではなく、引用の一人称の用法ももつ人称「ア」を想定しているようです。この人称「ア」には、「話し相手を含む私たち」の意味もあり、この人称「ア」が、叙述者と語り手、そして聞き手の共同性を創出する基盤となっているのではないか、ということについて、先に述べました。

国立アイヌ民族博物館では、「アイヌ民族」を示す「私たち」を表す場合、人称「ア」を用いることが自然であるだろうと、委員会でおおむね結論づけられたと言われます。またアイヌ語解説文の執筆者は「ア」と「チ」の人称を自由に選んでいるけれども、「チ」が使われていても、それはアイヌ民族の来館者を排除するという意図ではなく、「チ（私たち）」が表しているのは、多くは和人である「彼ら」に対して、アイヌ民族の「私たち」であると言われます。[25] こうした議論においては、「私たち」の中に和人やアイヌ民族以外の者が含まれるのかどうかという点は、おそらく優先的な関心事ではなかったと思われますし、それは当然の、自然なことであるだろうと思います。その上で、人称「ア」が使われる場合に、〝結果として〟、その「私たち」の中に、アイヌ民族以外の来館者が含まれる「すきま」が生じているということに、私は、小さく息を呑むような気持ちがするのです。

「はじめに」でも書きましたが、2024年度から、筆者の所属する神戸女学院大学において、アイヌ語を学ぶ授業が始まっています。2024年度前期の履修学生は60名を超え、教室はいつも賑やかな空気があふれています（筆者は「自称TA〔アイヌ語でイチャココ　カスイマッ〕」として前期の授業に出席させていただきました）。授業を担当されている瀧口夕美先生が、アイヌ語のウコウクを教えてくださり、クラス全体が三つのグループに分かれてアイヌ語の歌を歌ったこともありました。関西にある大学の教室に（教室の外にも）アイヌ語が響いている光景を前にして、なんとも感慨深い気持ちになりました。

この授業が始まる前に、瀧口先生から、これまでアイヌを対象としてアイヌ語を教えることはたくさん経験してきたけれど、アイヌ以外の人々にアイヌ語を教えることは自分にとっても挑戦だ、という言葉を伺いました。アイヌ以外の者がアイヌ語を学ぶ意味。ついこの間までアイヌ語に触れたこともなかった学生たちが、楽しそうにアイヌ語の歌を口ずさんでいる光景を見て、もちろんそれはとても意味のあることだと感覚的にはわかるけれども、「異文化理解」といった使い古された言葉ではなくて、自分自身の腑に落ちた言葉で表現できるようになりたいものだと思っていました。

今回、アイヌ口承文学の語りの視点や、国立アイヌ民族博物館のアイヌ語解説文の視点について学ぶ中で、神戸女学院大学でのアイヌ語の学びの場、おそらくほとんどがアイヌ民族ではない「私たち」がアイヌ語を学ぶこの場所が、国立アイヌ民族博物館のアイヌ語解説文の「私たち」の中に生じていた、アイヌ民族以外の来館者が含まれる「すきま」と重なるように思いました。アイヌ自身が自分たちの言葉を取り戻すために学ぶ、現在進行形で続けられているその学びの裾野として、この関西にある大学の一角で、「私たち」にもこうした学びの場が開かれているということの〝凄さ〟に圧倒されます。

授業の中で、かつて語られたアイヌ語の語りの音声に耳を傾け、その語り手が生きた時間や歴史、そしてその「語り」が受け継がれてきたさらに長い時間と歴史が、その語りの「声」とともにそこに蘇り、その確かな「存在」を私たちに教えてくれるという体験をしています。アイヌ語を勉強することを通して、アイヌ語を話し、伝え、残してくれた人々への敬意を感じることができたと言われる瀧口先生の体験（本書第２部１３６－１３７頁参照）は、「ことば」を学ぶということにおいて、「私たち」にも開かれているのではないかと感じています。

「新しい語り」へ

視点をつなぐ語りを模索する問題提起から出発して、アイヌ口承文学の語りを手がかりに、語りの世界を共有することで、多様な者がその共同性に参加し得る、新しい語りについて思い巡らしてきました。叙述者や語り手の人称や視点に焦点をあてながら、現在の語りと比較しつつ考えてきましたが、このことは、文学的技巧という範囲におさまる話ではないように思います。語りの視点については、印刷技術の発明後、17・18世紀における小説というジャンルの誕生が歴史的分水嶺となっていると言われます。小説以前の語りにおいては、登場人物の内面世界や主観が主要な問題ではなく、「語り手（およびその背後にいる作者）が、文化の根幹に訴えかけ、その根源、目的、集団的性格などを明らかにするような、何らかの伝達すべき真理を持っているという意識がある」、すなわち「権威ある語り手」による語りという特徴が指摘されます[26]。

少し大胆に推測して、私は、このような語りの視点の変化の背後に、人々が神（神々）とあるいは宗教的観念と共に生きていた時代と近現代それぞれの、世界観や人間観の違いが関係しているのではないかと考えています[27]。人々の世界観・人間観が、言語や文法と結びついていることは、古代ギリシアの中動態についての研究[28]や、ヒンディー語の与格構文についての研究[29]においても指摘されています。人間が神（神々）と共に生きている・生かされていると自らを位置付けつつおこなっていた世界認識から、個人の意志・行為・感情などが最重要事項となっていったことや、自然・環境とのつながりの意識が希薄となったことなどは、それぞれ無関係のことではないと思います。

アイヌ口承文学の神謡もまた、カムイ（神々）と共に生きた人々の世界観を語っています。知里幸恵は『アイヌ神謡集』の「序」のなかで、自身の世代について「その眼からは一挙一動宗教的感念に支配されていた昔の人の美しい魂の輝きは失われて……」と記しています。幸恵が書き記した「先祖が語り興じたいろいろな物語」も、カムイ（神々）と共に生きていた人たちの世界観や視点を反映したものです。

「権威ある語り手」をもはや前提とはしない現代において、視点をつなぐ新しい語りは、いかにして可能なのか。冒頭での新しい語りについての問題提起は、この観点からなされたものではないかと思うのです。現代の私たちが、古代や中世の世界観に「戻る」ことはおそらく不可能でしょう。しかし、その視点に学ぶことは可能です。そして、誰かの語りに、異質で多様な一人一人が自らの視点を重ねるところから、分断された視点をつなぐ新しい語りに向かってひらかれていくものがあるのではないか。学生たちの元気な声でアイヌ語が響く教室の一角で、そのような思いが心に浮かびました。

1　オルガ・トカルチュク『優しい語り手　ノーベル文学賞記念講演』小椋彩・久山宏一訳、岩波書店、2021年、1－49頁（小椋彩訳）。

2　同右、36頁。
3　同右、36－37頁。
4　萱野茂『アイヌと神々の謡　カムイユカㇻと子守歌』ヤマケイ文庫、2020年、278頁。
5　中川裕『改訂版 アイヌの物語世界』平凡社、2020年、217頁。
6　同右、222頁。
7　同右、229頁。
8　坂部恵『かたり　物語の文法』ちくま学芸文庫、2008年、32頁。
9　同右、34頁。
10　同右、47－49頁。坂部氏は、「ものがたり」が常に「他者のかたり」であると言います（坂部恵「特論Ⅰ 自己物語から他者物語へ―ナラティヴ・トランスポジション」『シリーズ 物語り論3 彼方からの声』宮本久雄・金泰昌編、東京大学出版会、2007年、377－390頁〔384頁〕）。
11　中川、2020年、9頁。
12　同右、223－229頁。
13　知里幸恵の記した『アイヌ神謡集』では人称は「チ」に統一されています。しかし例えば神謡集の二番目に置かれている「狐が自ら歌った謡『トワトワト』」で、「フオホホーイ」という狐の叫び声について、幸恵は脚注で「hokokse……uniwenteの時、また大へんな変り事が出来た時に神様に救いを求める時の男の叫び声」と記しています（『知里幸恵　アイヌ神謡集』中川裕補訂、岩波文庫、2023年、41頁）。ここからは、この狐のカムイの姿に、人間（アイヌ）の姿が重ねられながらこの神謡が語られ聞かれていたということがわかります。『アイヌ神謡集』において、日常会話で「話し相手を含まない私たち」を意味する人称「チ」が使われながらも、カムイの語りの世界に人間界が投影されている、つまり叙述者（＝カムイ）と語り手と聞き手の共同性が成立していることは、中川氏が指摘するように、神謡の語りも、基本的にはアで語られるものであったことを示しているのかもしれません。
14　『先住民族アイヌを学ぶⅡ 北海道に行ってみた』石川康宏・建石始・大澤香編、日本機関紙出版センター、2023年、

140－144頁。

15 深澤美香「国立アイヌ民族博物館のアイヌ語による展示解説文と『私たち』」『ウアイヌコロ コタン アカㇻ ウポポイのことばと歴史』国書刊行会、2023年、112－133頁。

16 同右、118－120頁。

17 同右、125頁。

18 坂田美奈子「先住民史への模索―国立アイヌ民族博物館の歴史展示―」『歴史学研究』No.1024（2022年）、40－47頁。

19 同右、41頁。

20 同右、43頁。

21 同右、44－45頁。

22 同右、43－45頁。

23 坂田氏は「この人称によるならば、アイヌ文化に基づいた形で、かつ和人の視点から見たアイヌとの接触史を語ることすら可能である」と述べています（同右、45頁）。

24 同右、46頁。

25 深澤、2023年、126－128頁。

26 ロバート・オールター『読みの快楽』山形和美・中田元子・田中一隆訳、法政大学出版局、1994年、218－226頁。

27 17・18世紀という時代を考えると、中世末以降、ヨーロッパではローマ教皇と神聖ローマ皇帝の権威がゆらぎ、17世紀には主権国家が互いに並立する体制が確立します。また17世紀に本格化した科学革命によって自然観が大きく変化し、人間の理性を万能視する合理主義が登場しました。

28 國分功一郎『中動態の世界 意志と責任の考古学』医学書院、2017年。

29 中島岳志『思いがけず利他』ミシマ社、2021年。

第 2 部

アイヌ文化と
アイヌ語

第1章　アイヌ文化と人をつなぐ――進化形アイヌ文化事業

北原モコットゥナシ
北海道大学アイヌ・先住民研究センター、アイヌ共生推進本部

埼玉県出身。大学進学のために札幌に転居。千葉大学大学院を経て白老町のアイヌ民族博物館勤務。２０１０年から北海道大学アイヌ・先住民研究センター勤務。研究分野は文化人類学（樺太アイヌの宗教、物質文化、神話・民話、言語）。主な著書に『アイヌの祭具　イナウの研究』（北海道大学出版会）、『つないでほどく　アイヌ／和人』（北海道大学アイヌ・先住民研究センター）、『アイヌもやもや：見えない化されている「わたしたち」と、そこにふれてはいけない気がしてしまう「わたしたち」の。』（３０３ＢＯＯＫＳ）他多数。

みなさん、こんにちは。北原モコットゥナシと申します。今日はあいにくの天気ですけれども、こんなにたくさんの方にお運びいただきまして大変うれしく思っております。昨日北海道から来ましたが、いつも2月、3月の北海道からの出張はとても緊張します。私の飛行機が飛んだ後に大雪になったので、無事やって来ることができて幸いでした。

マジョリティとマイノリティ

今日のテーマは「アイヌ文化と人をつなぐ」ですが、最近人前で話をするときにはこの言葉を入

図1

マジョリティとマイノリティ

マジョリティ＝社会・組織の意思決定において
力を持つ立場
「フツウ」を決める力を持つ立場
マイノリティ＝「フツウじゃない」として、
周縁に置かれている立場

れるようにしています。全てのマイノリティとのウテカンパ（手をつなぐ）、ウカエシニ（ささえあい）を目指してやっていきたいということです。

マイノリティという言葉は、マジョリティと対になっています。マジョリティ、マイノリティとはよく多数派、少数派という意味合いで使われます。しかし実は多数派、少数派に限らずこの言葉が使われることがあります。例えば女性もマイノリティであると言われることがあります。でも人口比では男女比はほぼ同じ、場合によっては女性がちょっと多い、そういう社会もあるわけですが、それでもなぜ女性がマイノリティなのでしょうか。それは社会の中でその社会のルールを決めたり、意思決定をしたりする、そういう力を持っている人々をマジョリティと呼び、そこからちょっと締め出されている、周縁化されている人々のことをマイノリティと呼ぶことがあるからです。例えば日本の中では大きな企業の役員や高い報酬を得ているような人々は人口の中では本当にひと握りです。ほんの数％にも満たないような人々だけど、しかしその人たちが日本社会の経済的な流れや社会のあり方をずいぶん大きく左右しているというところがあります。

ですからやはりこういう場合は、その大きな会社の役員の人々はマジョリティと呼ぶことができます。このようにマジョリティ、マイノリティという言葉は、数の多い少ないという意味以外の使われ方もしています。今日の私の話の中ではそういう意味で、パワーを持っている人々をマジョリティ、パワーを奪われている人々をマイノリティと呼んで進めていきます。

ウテカンパとウカエシニで

先ほどご紹介いただきましたが、私は宗教の研究をずっとやってきましたが、この10年ほどいろんなマイノリティ研究に触れる中、あるいはマイノリティの方の講演会などに参加すると、非常にアイヌとしての私の経験と重なるところが多いと実感することが多く、とても興味が湧いてきました。それ以後、マイノリティの研究をしていくと私自身がとてもすっきりする。こういうことで自分は何か引っかかっていたんだなということがはっきりわかり、目の前が開かれるような気持ちになって学んできました。

だから他のマイノリティと繋がっていきたいというふうに思うのですが、一方で私自身がマジョリティ性を持っているという部分もあります。例えば私は男性であり大学で教授として教えています。だから自分ではずっとズボラなだらしない人間のままこの歳まで来ており、若い頃から何も変わってないというつもりがあるのですが、学生から見ると「あんたはものすごい権力者だ」と警戒されてしまいます。しょうがないことなのですが。それから幸か不幸か体がでかい。縦にも横にもでかいということで、でかいだけで怖いと言われることもあります。それは私が望んでそうなったわけじゃないのですが、このようにマジョリティ性を持ってしまっているところもある。そういうことをよく意識して、配慮しながらその他のマイノリティと繋がっていければと思っています。

ウテカンパとは、「テㇰ」が「手」の意味で「ウ」が「お互い」、「アンパ」が「握る」という意味で「手を結ぶ」という意味です。また「ウカエシニ」の「カ」とは「上」、教卓の上などの意味で、「エシニ」とは「そこで休む」、つまり「お互いの上で休む」という意味で、そこから「ささえあい」になります。私はこれが好きな言葉なので、こういう気持ちで他のマイノリティと結びついていけたらなと思っています。

映像制作の中で…

先ほど見ていただいた映像（図2）ですが、非常にわかりやすい映像でした。

私は制作検討委員として制作に参加しました。他の4名の委員の方たちと映像制作を受注した会社と協議しながら作ったのですが、実はその会社はさらに下請けのいくつかのアニメーション制作会社などと連携しながら仕事をしています。映像のおじいさん役の人、三郎さんが喋っていましたけど、あの人たちは札幌の若手声優やベテラン俳優などで、そういう人たちが集まってきてスタジオ収録をしたものです。かっこいい声でしょう。

三郎さん役の方は普通のおじさんに見えるのですが、何か喋り出すとああいう渋い声で喋ること

図2

もっと知りたい！私たちのこと。（基本情報篇　日本語版）

ができる人です。でもアイヌ語を喋る部分は非常に緊張されていて、カタカナで書かれていても日本語に引っ張られてアイヌ語の発音にならないのです。そこで私が立ち会ってこういうふうに発音してくださいとか言いながら作ったことを、今思い出しながら見ていました。

ところで、この映像制作を請け負った元締め会社の責任ある立場の人は、やはりマジョリティです。そのせいか、よく意見が衝突しながら作っていきました。例えば、和人という言葉は受け入れられるのに時間がかかりました。アメリカでは、ヨーロッパ系の人々の中に「白人」と呼ばれることを拒否する人がいるように、マジョリティは自分たちに呼び名がつくことを快く思わないことがあります。この時も「この和人というのがわからない、なぜこの言葉を使う必要があるのですか」と繰り返し聞かれました。理由を説明してもなかなかわかってもらえない。また高校生の登場人物4人についてそれぞれちょっとずつ背景が違うキャラクターを設定しています。すると例えばお父さんがイギリス系アメリカ人だというキャラクターの女の子を見て、この子は「和人じゃないですよね？」という話になるわけです。

これは、その人のアイデンティティを、当人がどう感じているかを考慮せずに、端から「あんたはこっちだ、あんたはあっちだ」と決めてしまう態度です。自分が和人と呼ばれるのには抵抗があるのに、です。そういう意味で、これは非常にマジョリティ的な感覚です。しかしこの映像は、マイノリティとマジョリティの不均衡を解消しようという意図でも作るわけですから、これではまずい。そこで制作委員会の冒頭に資料を配り「あらゆる差別や不平等を認めない姿勢を共有しよう」と呼び掛けたりしました。そのような交渉をしながら、どうにか完成にこぎつけた映像です。

けれども、現代のアイヌがどこでどういう感覚で暮らしているかということについては、ある程度入門的な知識として使える映像ができたんじゃないかなと思っています。では早速本題の話に入っていきます。

隣へ、隣へ、隣へ似たような文化が

私は埼玉育ちで生まれは東京の杉並区で、生後40日間だけ東京にいてその後すぐに埼玉に転居し、以来埼玉で高校を出るまで過ごしてきました。ですから「自分は江戸っ子樺太アイヌだ」と自己紹介することにしています。このように、私という一人の人間にもいろんな属性が重なっている。ですからアイヌか、日本かという二分法だけではなかなか話ができないというところがあります。普段どういうことをしているかというと、それはこちらのスライドをご覧ください（図3）。

ここに五つの図が並んでいます。一番左のものを見ると形がわかりやすいと思います。これは韓国

図3

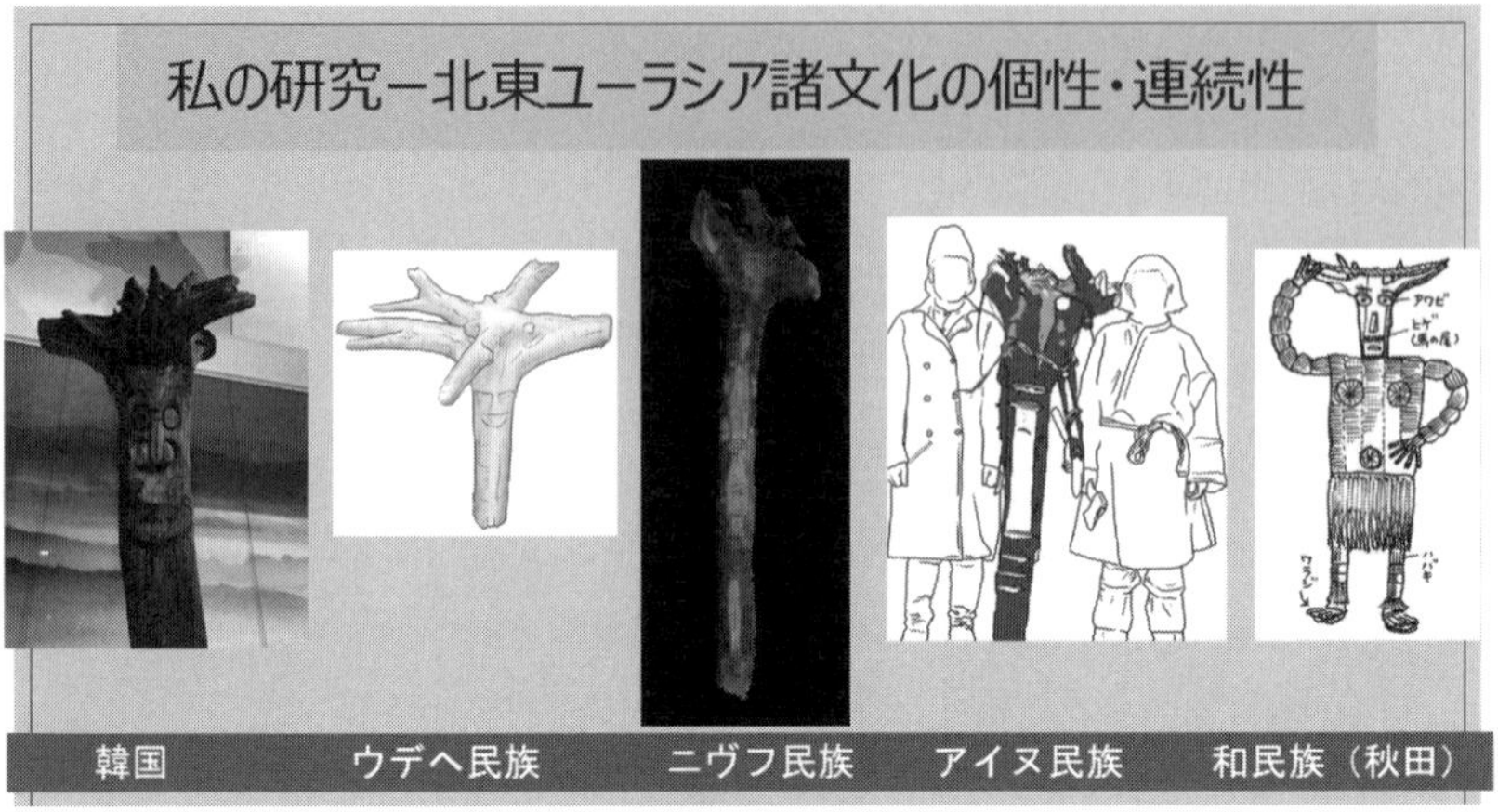
私の研究ー北東ユーラシア諸文化の個性・連続性
韓国
ウデヘ民族
ニヴフ民族
アイヌ民族
和民族（秋田）

ソウルの国立民族博物館に展示されているチャンスンというお守りの像です。これにはいろんな形のものがあって、焼き肉屋さんに行くと店の中に展示されていることもあるものです。男女一対の太い木に人の顔がついた像があるのですけど、中にはこのように木の根を掘り起こして逆さまに立てたものがあります。上の方にニョキニョキと出ているのは木の根です。わざとこれを切り落とさないでそのまま逆さに立てています。これと同じものが隣の図にも見えます。ウデヘという民族が作った像です。そしてニヴフ文化。このニヴフという民族はアムール川の河口あたりから、樺太、サハリン北部に暮らしてきたアイヌのお隣の民族です。そして樺太のアイヌ。北海道のアイヌはこういうものを作らないですけど、そして和民族（秋田）というふうに書いてあります。それはいわゆる日本人として思い浮かべられる人々のことを指して言っています。

　アイヌにこういうものがあるということは大学院の頃に知り、不思議だな、何でこういうものを作るんだろうと思いました。例えば日本にも逆柱という言葉があります。家を建てる時に使う柱を、木が立っていた向きとは上下逆に立ててしまう状態のことです。そうなると木が苦しむので良くないと言います。アイヌも同じで木を使う場合にはその木が立っていたままの向きで使わなければいけないと結構やかましく言うのですが、ところがこの木はどう見ても根が上になっています。

こういうアイヌや和文化の一般的な感覚ではなかなか理解できないものがあったりするわけです。それが不思議でした。隣のニヴフの文化にも同じようなものがあり、ウデへもそうです。こういうふうに、隣へ、隣へ、隣へとアイヌや日本と似たような文化が並んでいることにだんだん興味が湧いてきました。でも大学院生のときにはもう頭が堅くて、俺はアイヌだからアイヌのことだけやるんだ、他は関係ないと思っていたのですけど、しかしアイヌ側だけ見ていると行き詰まっちゃうことがあります。あまり多くの資料も残っていないし、こういうものは100年ぐらい前に作られたものなので、作った人になぜこういうものを作ったのですかとインタビューすることもできない。そうするとやはり他の文化とも考え合わせて、比べて眺めていくという作業をせざるを得なかったのです。それが今は逆に周りを一生懸命眺めることが非常に楽しくなっ

北原先生のパワーポイントを見ながら

図4

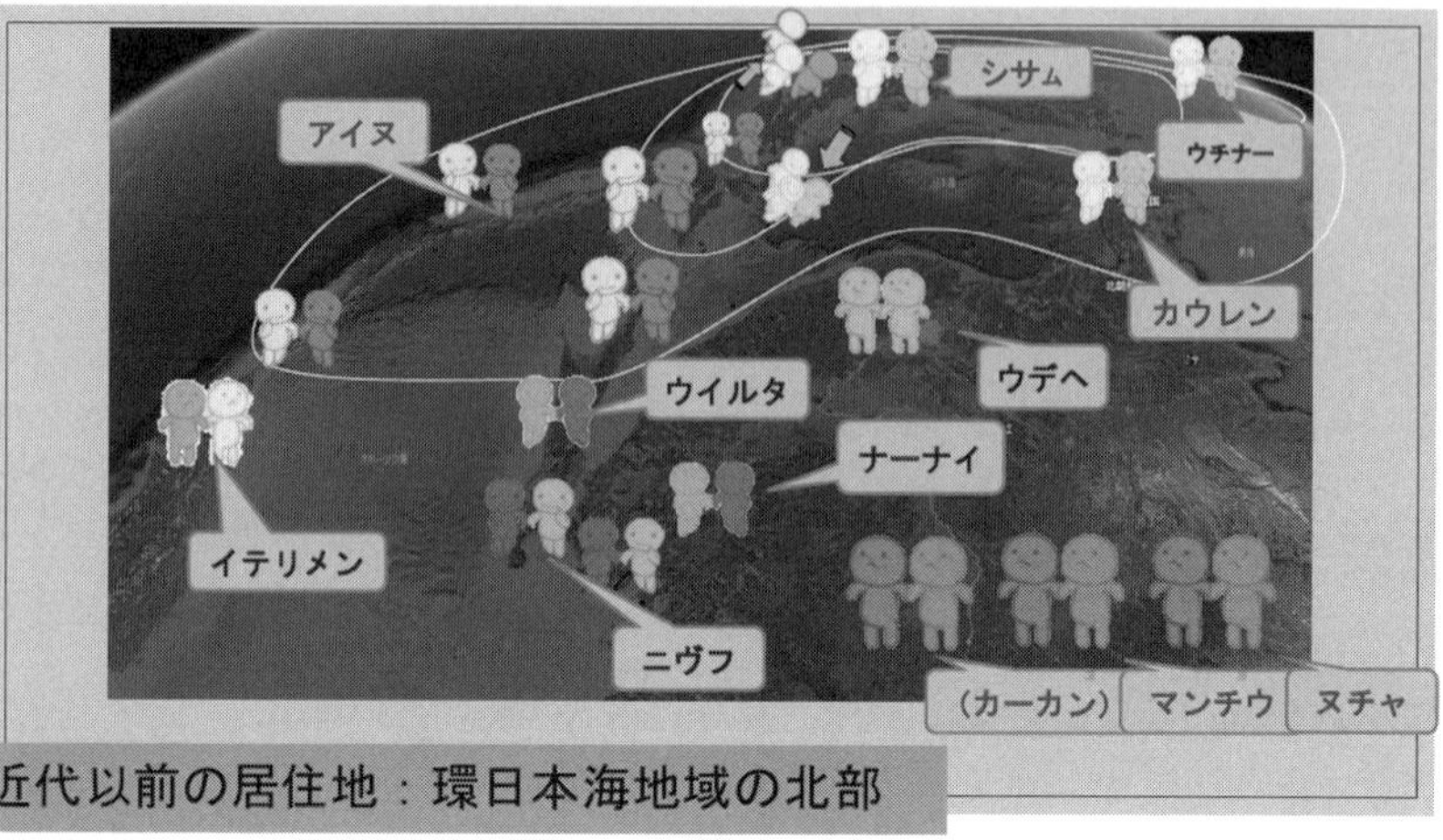

てきました。すると北方的な世界という感覚で私たちが見ている地域だけじゃなく、韓国やそれから本州にもあるということがわかってきておもしろいと思っているわけです。

アイヌの周囲のたくさんの民族

先ほどの映像でも同じようなものが出てきたかと思いますが、この地図（図4）を見てください。ここにアイヌが出てきますが、北海道、樺太の南部、それから千島列島の南部と北部、そして東北の北部、この辺りにアイヌが暮らしていました。この地図の中の海が少し白っぽくなっている箇所があります。この白っぽいところは水深がそんなに深くない。だから氷期という時期には気温がぐっと下がり、海が凍ると水面も下がって海底が露出してきました。氷期と言われた時代にはこの辺りは巨大な半島のようになっていました。

私、北海道大学で1年生を中心に1年間、アイヌ語とアイヌ文化の授業をしますが、学生たちの7割以上が本州や九州、四国からやってきています。沖縄から来る学生もいます。初めて北海道に来た大学1年生がアイヌについて知りたいので私の授業を聞き、いろいろ感想を言ってくれます。「アイヌはこうなんですね」「日本はこうだからね」とか、いろいろな感想がありますが、見ていると判で押したように「日本は島国だから独特だ」と言います。そういうふうに学校で教えられてきているのです。島国だということは別に間違いじゃないのですが、いま見たように一時期は全部繋がっていました。なにも、今の日本列島で人類がボコボコっと発生したわけじゃなくて、みんな大陸側から移住してきたわけです。北回りでやってくる。南回りでやってくる。そういうことが何度も何度もごく最近まで続いてきて、今の私たちの文化や集団が形成されてきたということも忘れちゃいけないということを話します。

ということで、この周りに住んでいるいろんな民族はやはり全然関係ないわけじゃなくて、お隣のお隣というふうに繋がっていくわけです。これだけたくさんの民族がアイヌの周囲に暮らしていて、この人たちが日本海の周りをぐるぐるぐる北から南から回って文化を伝え、あるいは移り住むということを繰り返して今の私たちが出来上がっているということです。

ここに白い線の輪が出ています。一番小さい輪は江戸時代の1774年に作られ日本国内で流通していた日本地図「改正日本輿地路程全図」に描かれている日本の範囲です。1847年の「大日本輿地全図」では、松前あたりまでがかろうじて入っています。北海道の南端ギリギリには松前藩がありましたが、江戸時代の地図にはアイヌの居住地は描かれていませんでした。沖縄も描かれていない。九州、四国、そして本州だけで青森や函館までしか地図の中に描かれていません。これが当時の日本として認識された領域です。明治になるとこれがぐっと拡大します。一番大きな輪は、戦前までに拡張した日本です。北海道を日本の領土に組み込む。千島樺太についてはロシアとの間で揉めながら、どうするこうすると戦争しながら、国境を決めていった。それから朝鮮半島を植民地にし、台湾を植民地にし、太平洋のいろんな地域を植民地とは呼ばないけれども委任統治などいろいろな形で事実上支配していきました。このように白い線が拡大する時代がありました。

さまざまなルーツの人たちが北海道へ

この時期に南の人々、シサム（和民族／和人）という民族や琉球の人々、朝鮮半島の人々が南から北へ移住してくるわけです。当時の本州の和民族の生活はかなり困窮していたので、新しい場所に行って人が暮らせるようにしなければいけないという事情があり、また国民を移住させて植民地化を既成事実にするため日本中の人が北海道に移住してきます。また植民地になった沖縄・朝鮮の人々もやはり生活が苦しくなった。植民地を作るのはなぜかというと、そこを支配している宗主国が豊かになるためですから、現地の人々はそのあおりを食うことになりました。地元に仕事がない、賃金が低いということで仕方なく宗主国に働きに行き、そのまま北の方に移住してくる。こういうことも増えてきました。ですから北海道には今、本州ルーツの人や朝鮮半島、琉球ルーツの人も暮らしているという状況になっています。

それから北の方もロシアとの諍いがいろいろあり、日本政府は国境近くにアイヌを住まわせておくとロシア側に付いてしまうかもしれないっていうことを意識していました。ロシアはロシアで日本

図5

イラスト：小笠原小夜『ミンタラ②　アイヌ民族21人の人物伝』（北海道新聞社より）

側に付かれたら良くないと思っているので、例えば千島列島の一番北に住んでいた人々が、明治の中頃に一番南の方に強制移住させられました。地図で見ると何てことない距離のようですが１２００ｋｍ近くあります。本州とほぼ重なる距離です。ですから青森県から山口県ぐらいまで移住させられるような、大変な環境の変化を経て、たくさんの人が亡くなりました。日本政府が移住を強いた結果、人が亡くなったのです。

そして中間の線が１９４５年日本の敗戦によって現在の国境となっているものです。これ以後、樺太・千島にいた人たちは、ほぼ全員が北海道に避難していきました。私の祖母は１９４５年に私の親を身ごもっていて8月に敗戦して北海道に避難し、そこで私の親が生まれました。千島列島にいた人々もほぼ全員が日本の領土内に避難していき、そこで暮らしていいます。さらに戦後になると特に本州への移住が増えていきます。私の親は北海道で生まれて東京に仕事に行き、そこで結婚して私が生まれたので、だから私は江戸っ子樺太アイヌというややこしいプロフィールを持つことになったわけです。ということで今、ほとんどのアイヌは日本の領土内で暮らしています。樺太や千島に残った人々はロシア国民となり、１００人ほどがくらしていると言われています。先ほどお話ししたように関西圏にも多くの人が暮らしています。今日は、アイヌについてのイメージをちょっと新しくブラッシュアップしていただけたらいいかなと思っています。

これは札幌駅周辺のアイヌ集落があった場所を地図上に落としたものです（図5）。後で見ていただければいいのですが、札幌に旅行などで行った方は現在ビルがたくさん建っているあの場所、あそこも元々明治の初めまではアイヌの集落があった場所だと振り返って見ていただければと思います。

アイヌ文化振興法はできたけど…

さて私の研究の続きですが、１９９７年にアイヌ文化振興法という法律ができ、先ほどの映像資料などが国の予算によって作られるという体制ができました。文化振興に特化した法律なので足りないところも多いのですが、その10年前までは日本は国連に対して「日本国内に少数民族はいません」と言っていたわけですから、その10年間で、いや実は日本にはアイヌがいましたからアイヌ文化を振興しますと方針を大きく変えたところは評価することはできるかもしれません。

さらに２０１９年にアイヌ施策推進法ができます。この間には『ゴールデンカムイ』の流行などがあってアイヌの認知度が上がり、私の大学にやって来る他分野の研究者たちからも「いろんな制度ができたし、メディアでも盛り上がっていてアイヌの人たちの暮らしは良くなったんでしょう」と言われることが結構多いのです。それは元々かなりアイヌの状況を憂いてて、今は良くなったのではないかと期待を込めて言ってくださる方たちなのですが、では当のアイヌはどう感じているかというと、あんまり何も変わってない気がすわけです。

学生から「アイヌは結局日本人なんですか？」という質問が出ることがあります。この問いですが、聞いている方も何を聞いているのかよくわかってないところがあるし、聞かれた方もどこからどう答えていいのかという結構ややこしい問題です。また「もう差別はないのですね？」と聞かれることもあります。あるいは「差別はない」と断言されることもあります。さらに「アイヌって独特ですよね」「我々もアイヌに学ぶべきだと思います」とも言われます。こういうちょっと好意的な感じのコメントが来ることもありますが、どれも発している人にとっては特に悪意のないことなのですが、私、こんな顔になっちゃうんです（図6）。

モヤモヤしています。まいったなあとなってしまいます。そして不本意に感じることも結構あります。アイヌの中にもいろんな感覚を持った人がいますので、「独特ですね」「学ぶべきですね」と言われたらうれしくなる人ももちろんいます。しかし私はへそ曲がりなのかもしれないけど、ちょっと待ってほしいと思う。良かった良かったで話が終わらないというところがあります。

特に私が引っかかるのは、例えば3年ぐらい前ですが、札幌のある市民向けの講座でお話をした時のことです。そこに「私はアイヌの刺繍が大好きで、もう7年も勉強してます」という方がいらっしゃいました。その人はおそらく、ご自身は和民族、日本人だと思うのです。「それはすごいですね。

図6

私の研究－つづき

- **1997年アイヌ文化振興法、2019年アイヌ施策推進法**を経て
  関心の高まり／文化と人の乖離
  →「アイヌは日本人になった」「差別はない」
  「アイヌって独特・学ぶべき」というコメント
  →アイヌにとっては、いずれも不本意（な場合がある）
  文化を知っても人を知らない／マジョリティ自身のことも知らない
  →6つのム（無知・無関心・無理解・無配慮・無反省・無化）が
  社会に居心地の悪さを生む

7年もやってらっしゃるんですね。ところで札幌ではアイヌはどこにどういうふうに暮らしているかご存知ですか」と聞くと、ほがらかに「知りません！」とおっしゃったんです。今もアイヌが生きているかどうかもご存じない様子でした。

アイヌ文化が大好きで、一生懸命勉強するけれども、それを作ってきた人間たちは今どこでどうしているのかということは全然知らない。この方は全然悪意なんかないわけです。はたから見てもこの人が特に悪いとは言えないのです。そこで私は「そうか」と思いました。実は、札幌にフランスの文化を学ぶ文化センターのような施設があり、そこではフランス文学やフランス語を勉強し、フランス料理やフランスの刺繍を覚えるなどして多くの人が楽しんでいるわけですが、それに近い感覚でアイヌ文化を受け止められてるんだろうなと思ったのです。

フランス文学に親しんでフランス料理を作れるようになっても、実際にフランスの方と交流することは一生ないかもしれない。でも別にそれで構わないわけです。楽しいからそれをやっている。フランスの場合は、フランスという国があり、そこにはフランス国民のいろんな権利がちゃんと保障され暮らしていられるので、その外側にいる遠隔地の人が、単に文化だけに興味を持っていても全然問題はないわけです。ところがアイヌの場合、アイヌがくらしアイヌ語が街の名前になっている札幌は日本国に取り込まれていて、しかもアイヌの権利は他の国民と同じようには保障されていません。海外に移住して暮らしている人もいるけれども、アイヌが主に暮らしている国は日本しかなくて、そこで国民として税金を払って生活をしているのに、国民のほとんどがアイヌのことを知らないというのは非常に困ったことになってしまいます。このように「世間から無視されている、そっぽを向かれている」と感じているアイヌにすれば、この方の発言もまたアイヌそのものには関心がない、という姿勢に見えるのです。アイヌがいるのかいないのかは「知らんけど？」と。ああ、またか、という経験です。

6つの無

「六つのム」と書きました。無知・無関心・無理解・無配慮・無反省・無化です。最後の無化という言葉は耳慣れないかもしれません。これは存在をなかったことにする、あるいはいろいろ暮らしている中で嫌な思いをすることがある。抑圧を受け差別的なことを言われ嫌な思いをすることがあるけれども「それは気のせいだよ」「考えすぎだよ」「ちょっと僻みが入っていないか」というような形で、被害の経験をなかったことにしてしまうという意味です。

こういうものを六つ兼ね備えたすごい人もいたりするわけですが、私も含めて誰でも自分と違う

図7

「アイヌ知らん」のだから差別しようがない？

「知らん」ことが人を傷つけることもある
→同じ国にいて「知らん」て、そりゃ無くない？
→6つのム（無知、無理解、無関心、無反省、無配慮、無化）
→結果を重視する
原因がなくとも結果は出る（意図は関係ない）

偏見・差別の解消には何よりも知ること
→差別ワクチン「イタㇰタクサ」

立場の人にとってはどれかを持っています。だから全然悪気がないのに、相手を傷つける場面がどうしても起こってしまうので、やはり「知らない」では済まないということです。

アイヌの現状はなかなかうまく伝わりません。互いにほぼ同じ暮らしをしているけれども、異なるアイデンティティを持っているということを、なかなか理解されないところがあります。「もうアイヌの暮らしをしていないからアイヌじゃない」と言われ、いや私はアイヌですよと言うと「じゃあどんな暮らしをしているの」って詰め寄られる。一方で、やはり何か普通じゃない人たちだと思われていて「普通でありアイヌなんです」という説明はなかなか受け入れてもらえない。またアイヌは北海道にいるものだと思われているところもありうます。私はずっと埼玉育ちですが、私がアイヌ文化の勉強をしているというのを聞いて、または私の顔を見て「この人はアイヌだからアイヌ文化を勉強しているのだな」と合点する方がいます。そこで「北海道のどちらですか」という質問をしてきます。アイヌですかとはなかなか聞きにくいので、その手前のジャブとして北海道のどちらですかと聞くのでしょう。ところが私が「いや埼玉です」と答えるものだからそこで会話が終わってしまいます。別にこれも全然何の悪気もないのですが、こっちは「もっと聞いて来いよ」と思うわけです。「上尾のアイヌだよ、大宮の二つ隣の街に住んでいるアイヌだよ」と言いたいのですが、そこまでなかなかコミュニケーションができない。北海道にいたら「アイヌなんだ」、埼玉にいたら「アイヌじゃないんだ」ということになってしまう。

アイヌの回復という視点がない施策

あらためて私自身が、なぜ先ほどお話したような宗教のことを一生懸命調べてきたかというと、結局それは、自分の家族から教えてもらうことができなかったことで、それをやはり知りたいのです。私の祖母はぎりぎりアイヌ語を使っていた世代でアイヌ語の名前を持っていて、熊送りのような儀礼を経験した人でした。だけれどその一世代下の私の親は、まず自分がアイヌだということを知らずに育っている。アイヌ語ももちろん知らない。知らずに使っていることも結構ありますが、本人の認識としては日本語しか知らないで育ってきました。だからもちろん熊送りや本当に日常的な普段のお祈りはめったに見ることがなく過ごしてきており、自分たちの歴史は大人になってから学び直した人です。だから私自身も本当なら自分の家族から教わるはずだった自分の文化や歴史を知りたかったので、ちょっと大げさな言い方をするとやはり自分自身が文化的に「回復していきたい」という動機から学び始めました。そしてそれを親族に教えたい。うちはこうだったんだよと。こういう歴史があったんだということを教えたい。

だから私の学びは初めから「人」のために始まっているのですが、仕方のないことですけど、当事者ではない人にとっては、あくまで文化として楽しみたい、知って学びたい、教養として身につけたいという、そういうずれがあるわけです。しかし、当のアイヌは、日本の政策の結果として自分たちの言葉や生活基盤を失い、歴史やアイデンティティも喪失しているのです。日本のアイヌ施策と言われるものは専らアイヌでない人によって進められ、アイヌでない人にアイヌについて知ってもらうことが中心になっていて、アイヌ自身がどう回復するのかということが、全然視野に入っていない。これに対してここ数年ずっと文句を言い続けてきているわけです。

ずっと抑えつけられるような感覚

こうして学んでいくうちにいろいろなことがあります。「独自」しばりというのは、「独自なんですよね」「独特なんですよね」と言われるのですが、実はそうじゃないこともたくさんあります。逆に、隣り合って暮らしてきた日本の文化や更に広くアジアの文化とはよく似ているところが非常に多いのです。けれど、そのことを知らせると「それなら一つの民族とは言えないから、アイヌという民族はなかったということですね」と、良くわからない論理で自分たちの存在をなかったことにされてしまうところがあります。文化人類学では、私が今日着ている服とか、これを現在のアイヌの文化だと言うことができます。何も自分で全部作る必要はないので、出来たものをお店に行って買ってくる。買うためのお金を何かの仕事をして稼ぐとか、ここに便利だから首から時計を下げているとか、レイ

図8

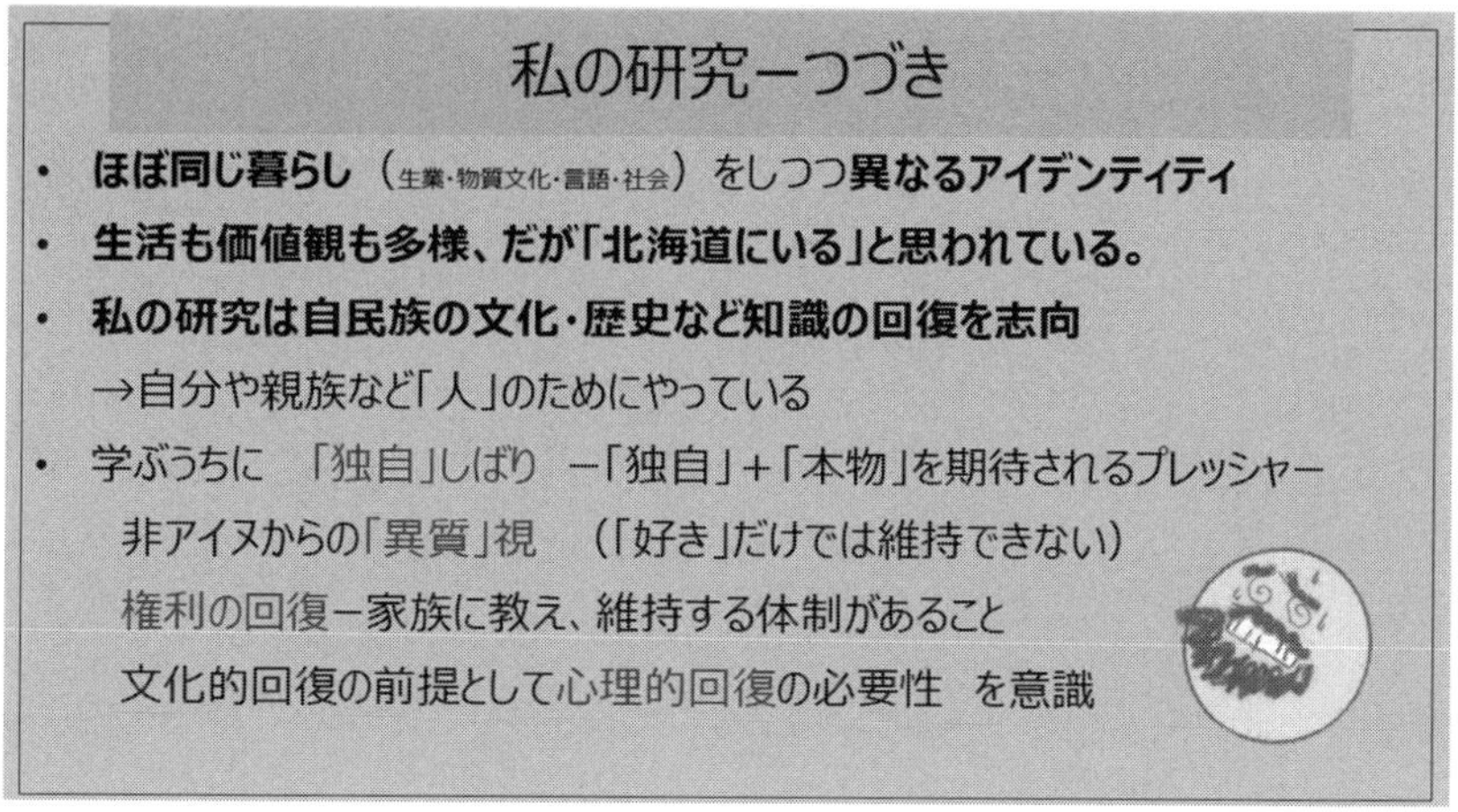
私の研究ーつづき
• ほぼ同じ暮らし（生業・物質文化・言語・社会）をしつつ異なるアイデンティティ
• 生活も価値観も多様、だが「北海道にいる」と思われている。
• 私の研究は自民族の文化・歴史など知識の回復を志向
→自分や親族など「人」のためにやっている
• 学ぶうちに　「独自」しばり　ー「独自」＋「本物」を期待されるプレッシャー
非アイヌからの「異質」視　（「好き」だけでは維持できない）
権利の回復ー家族に教え、維持する体制があること
文化的回復の前提として心理的回復の必要性　を意識

ンボークの入ったプレートをここに下げているとか、こういうものも全部ひっくるめて、現在のアイヌの文化と言うことができるのですけど、一般にはやはり何かこう「裸足でなきゃアイヌじゃない」とか、あるいは「木の皮でできた服や毛皮を身につけてないとアイヌじゃない」と、どうしてもそういうふうに見られてしまうので、それが一つのプレッシャーとなります。それは期待であり、偏見であり、どっちにしてもアイヌにとっては何かずっと抑えつけられるような、そういう体験になります。

それから私はさっき言いましたように、自分自身の文化を身につけたい、歴史を取り戻したいとやってきたわけですけど、その文化が好意的に見られる場合もあれば、異質なもの、異様なものと見られることもあります。私が髭を伸ばしているのはいろいろ理由があるのですが、子どもが私の髭をすごく気に入っていて。剃ってしまうと怒るのです。だからもう二度と剃れないのですが、これを解くと膝ぐらいまでの長さになってしまいました。伸ばしている一つの理由としては昔のアイヌの写真を見てかっこいい

から俺も真似しようと伸ばしていることもあります。ところが、私の母親は髭が大嫌いです。これまで、髭はアイヌの一つの象徴みたいに見られていて、髭が濃いからアイヌだとか、嫌な感じでアイヌに触れられるときによく髭が引き合いに出されてきました。それから職場の教員や学生など私の周囲にも髭を快く思わない人がいて、四面楚歌ということで子どもだけが私の味方です。

今のは半分笑い話ですけど、例えば私も学生時代にフィールドワークに行きました。樺太から北海道に移り住んできた、祖母と同じ地域出身の方にお会いして、どういう暮らしをしていたのかお聞きすることが楽しくて何年か通いました。ところが私がこういう顔をして、高齢で特養ホームなど入ってらっしゃる方のところにインタビューに行くと「この間あなたが来た時に、あそこの人からお前のところにアイヌが来たねって言われたんだ」と言われることもありました。その方は何十年も自分がアイヌだということは伏せて暮らしてきたのです。ところが私がこういう感じで行くと、その方が周囲から「今、アイヌが来たな。お前もアイヌなんだべ」と言われてしまう。特養ホームのようなすごく狭い空間の中でそういう見方をされると、もちろんネガティブな意味で「お前はアイヌなんだな」と見られるのは非常に困る。そのことがわかって、もうとりあえずフィールドワークに行く間は全部髭を剃るしかないと思って、その期間は髭を伸ばすのをやめました。

権利の回復と無縁ではない

ですから文化の維持なども、それが好きというだけではやってられないことをひしひしと感じるようになってきました。「独自」であろうがなかろうが、好きに暮らしたいということ、好きだから維持したいというだけでは、世の中うまくいかないと感じるようになり、結局これは大げさな言い方に聞こえるかもしれませんけれども、権利の回復ということをしなければいけないのだと思い至ったのです。

子どもに家庭でアイヌ語を聞かせ、子どもも使うようになったけれども学校に行ったら、アイヌ語は使わなくなる。うちの子供は私のことをアーチャと言います。お父さんという意味ですが、ところが上の子が小学校に入って授業参観などに行くと、そこでは私のことをお父さんと言います。なぜアーチャって言わないのかと帰ってから聞いたら「なんか面倒くさいんだ」と言います。それまで何回か学校でも言ったことがあったらしいのですが「昨日アーチャがね」という風に家でのことを話すと、周りの子はわからないから「アーチャって何?」と聞き返してくる。「アイヌ語だ」と言うと「えっアイヌ語?」って聞き返される。するとそこから延々とエンドレスの質問が始まるわけです。いじめじゃないですが、やはり毎回毎回、一人ひとりの友達に全部説明するのはしんどいと言って使わなくなるわけです。それもやはり学校の中にアイヌ語が一切ないから起こることです。アイヌがこの学校に通っているとか、この街にも暮らしているという感覚を教員自体が持ってないということが、子供たちの状況にも繋がってくるわけです。ですから文化的回復をし、維持するということも結局はそのための権利の回復や存在の承認という政治的な事柄と無縁ではいられないというのが私の問題意識です。

それから心理的回復というのは、例えば今日のこの催しのタイトルですが、アイヌと書かれています。けれどもアイヌという言葉を見ること自体がとてもつらいという人がアイヌの中にはたくさんい

図9

今日のはなし

偏見・差別の解消と文化振興策をつなぐ「進化形」
→「一億総BL」と「進化形BL」
→アイヌ施策推進法の見直しが急務
「入口」だけ用意してその先は…（崖？）
→差別・偏見の解消は何よりも知ること
知るための継続的な政策
差別的言動を監視・審議する第3者機関

て、こういう場所に足を運ぶ気になれないという方もいるわけです。だから文化を取り戻すためにも、まず差別体験などによってできてしまった心の傷を回復しないことにはできない。だからそういう施策を避けて、楽しい刺繍ですよ、楽しい踊りですよ、料理が美味しいですよというイベントをやっていても、全然当のアイヌには届かないという問題があります。

1億総BLの世界

次に進化形について触れておかないといけないですね。BL（図9）と書いてあるのは、これはボーイズラブという漫画や小説のジャンルの名前です。BL研究はとてもおもしろくて熱いです。BLにつながる作品にはいろいろ変遷がありまして、90年代ころには「やおい」と呼ばれることが多かったようです。溝口彰子先生という方の整理によると、その頃のBL作品は「一億総BL」の世界なのだそうです。そこでは男性同士の恋愛がテーマになっているけど、その恋愛がうまくいくのかどうか、あいつ、俺のことどう思っているのかな、というようなことが話の中心になっていて、学校のクラスメイトも教職員も、あるいは会社の人たちも、家族もみんな男性同性愛そのものは受け入れている前提になっている、という世界が描かれていた。

しかし実際はそうじゃない。単に恋愛がうまくいくかどうか、当人同士がどうかだけじゃなくて、現実に同性愛者として生活している人は、それが他の友達にばれたらどうするんだろうとか、もし相手がゲイに対して、ものすごい拒絶感を持っていたらどうするんだろうとか、相手が自分を好きか嫌いかだけじゃなくて、そういうことを考えながら生活しなきゃいけないわけです。ところがこの一億総ＢＬの世界は、社会がもうＢＬを受け入れているという完全にファンタジーの世界なので、現実のゲイの苦悩をよそに、ただファンタジーとして楽しんで消費しているという批判もあったわけです。

２０００年代に入ってくると、溝口先生が進化形ＢＬと呼ぶ作品が多くなり、作品の中にホモフォビアという、同性愛に対する偏見や嫌悪が描かれるようになってきます。当人同士の恋愛がうまくいくかどうかということとは別に、これをどこまで人に言うのか、家族がこれを受け入れてくれなかったらどうするのか、というような葛藤を作品のテーマに入れて描く。女性読者が多いと思われますが、読みながらキャラクターに感情移入していき、男性同性愛者が経験しているいろんな偏見や、それをどう乗り越えるのかということを疑似的に経験していくことになる。そこで考えたり感じたりしたことは現実の社会を変えていく力にもなりうる。そういう意味で進化形ＢＬなんだということです。

図10

「アイヌ施策推進法」

「アイヌの人々の誇りが尊重される社会を実現するための施策の推進に関する法律」

- 2019年5月に施行。アイヌを「先住民族」と明記。
- アイヌ民族を差別してはならないと定める（4 条）
- アイヌ民族の誇りが尊重される社会の実現に努めるよう国民に求める（6 条）。
- 地域住民の要望を把握しやすい市町村が、地域のアイヌ民族の要望を踏まえてアイヌ施策推進計画を策定し、国から交付金を受けて実施する、交付金制度。
- 期待がある一方、国連宣言にある「先住民族の権利」が認められていないとの批判、生活や教育の向上につながらないのではないかといった不安の声もあり、今後の交付金制度の運用が注目されている。

（『アイヌ文化・ガイド教本』p5より抜粋）

3つのF

アイヌ施策推進法の見直しを

私はアイヌ施策についても同じことを感じています。北海道にも「アイヌなんてまだいるの」という人が本当にいます。そういう意味では本州と全然感覚が変わらない。一方で、アイヌに拒否感を持ち、出自を暴き「あいつはアイヌだ」と蔑んでしまう人がいる世界でもあります。それなのに、今のアイヌ文化振興策は、みんなアイヌ大好きという前提に立っていて、まるで現実を見ていない。この状況で「アイヌ文化いいですよ」みたいなことをいくら言ってもまるっきり空振りです。

そういう意味で、みんながアイヌをよく知っているとか、アイヌ大好きである前提で文化振興を進めようとするのは、まさに一億総ＢＬの世界です。現実には、講師としてアイヌ文化の普及を担ったり、言葉を教えたりしている人々も、普段の暮らしの中では差別を経験しているわけです。行事のような非日常では自分がアイヌであると明かせても、本当に日常的に接する人や家族にはアイデンティティを明かせない人が多くいます。この現実と施策が全然繋がっていないのでは、一方的に非アイヌに「楽しさ」が提供され、アイヌの困難は放置されたままになります。楽しく文化を学んでも良いのですが、学ぶことと同時に目の前の講師の境遇を知り、改善の必要性を理解できるようにするべきです。当人たちがどういう経験を経て講師になったか、それはその人自身が回復している過程なんだということ、アイヌの中にはそうした場に来られない人も多いのだということを理解できるような施策にしていかないといけないでしょう。そういう意味で今日は「進化形アイヌ文化事業」というタイトルをつけています。

いま特に重要なことはアイヌ施策推進法の見直しを実現することです。この法律は5年ごとに見直しを検討するのですけど、その内容があまりにも文化に特化していて、一億総ＢＬのような世界じゃないかということを急いで声を上げていかないと、見直しのタイミングを逃してしまいます。

関係を築くときには必ず対話を

さて差別や偏見があるということを話すと、北海道でも先ほど言ったように本州とあまり感覚が変わらない。もう何か差別なんてほとんどないんじゃないというように言われることがあるわけですが、内閣府の調査におもしろい傾向が表れています（図11）。

２０１６年と２０２２年のアンケート調査で、差別があるという人が２０１６年では18％でしたが、２０２２年にはちょっと増えています。差別がないという人が半数以上いたけれど、それが逆に減っていて、わからないという人が増えています。これは私の解釈ですが、この２０１６年の時点ではアイヌの差別はない、聞いたこともないという人が多かったけれども、この何年間かの間に何が

図11

今日のはなし

「差別の解消や人権意識を啓発すること」

（参考）内閣府による世論調査（2022年11月〜12月実施）

	2016年	2022年
差別はある	18%	21%
差別はない	51%	29%
わからない、無回答	31%	50%

（北原モコットゥナシ（著）田房永子（漫画）
『アイヌもやもや』p69より）

調査と啓発はセットであるべき。
「排除や暴力を受けない」のは当然のこと。
言葉・文化・歴史・つながりの喪失に対する配慮・ケア
→差別について知る機会としたい

当人たちを苦しめているのかということがある程度世の中に発信され、差別についてどう思いますかと聞かれたときに、簡単に「ある」とか「ない」とか言えないと、ちょっと慎重に考える人が増えたということではないでしょうか。

　ですからこれを差別や偏見についての情報が浸透したとして、私は前向きに解釈していいんじゃないかと思っています。例えばDVを防止するポスターなんかにも必ず防止のメッセージと啓発がセットで書いてあります。「あなたの恋人がやんちゃだと感じるのは、もしかしたらDVかもしれない。「あなたがデートに行くと何か不思議と嫌な気持ちになるけど、なんでなのかわからないと思っているのは、もしかしたらそれはDVかもしれない」というような啓発です。嫌だと感じることは気のせいじゃない、我慢しなくていいことなのかもしれないという啓発が必ずポスターやリーフレットなどにも書いてあります。

　ただ同じようにアイヌについての差別をやめましょう

図12

偏見・差別は…「ある／ない」？⇔「あった」？

相手にとって何が辛いのかを、
聞く側が決めてしまっていないか
→「対話」が無いば、だめさ
自分は「偏見・差別のことを知らん」と仮定して
考えはじめたらどうだろうか

というポスターはある程度ありますが、ではその「差別とは何か」ということが書かれているものは今のところ非常に少ない。ですからやはり何が差別なのか、何が人を苦しめるのかということを考えないことには、差別について考え始めることもできないというわけです。

また差別は「ある・ない」に加え過去形で「あった」と言われることがあります（図12）。「アイヌと日本の間には悲しい歴史があったのですね」と言われることはあっても「今もあるのですね」と言われることはまずありません。「あった」というのは、つまり今はないと言っていることでもあります。これはやはり私の実感と合わないのですが、多くの人がこのようにおっしゃいます。学生には繰り返し話していますが、差別やハラスメントは人と人の間で起こることで、相手のあることだから、相手の話を聞かないで一人であるなしを判断してはダメなのです。他者との関係を築くときには必ず対話をしなきゃいけないということを、本当にうるさいくらい言います。なんでアイヌ文化の授業に出てこんな説教されなきゃいけないんだと不満に感じる学生もいますが、とにかく対話をしなきゃいけない。それでも「これこれこういう情報を得たので、私はないと判断しました」と勝手に結論づける学生が多いのですが、自分がどう思ったところで、やはり最後は聞いてみないといけません。「あなた自身はどう思っているのですか」と。

長年連れ添った夫婦でも実のところ相手が何をどう思っているのかというのは、聞いてみるまでわからないので、その聞いてみるということを忘れてはいけません。そして自分は相手のことについて何にも知らないとまずは仮定してみるべきです。自分は知っているつもりでいる。私もフェミニズムからいろいろ学ばされることが多いので、一生懸命本を読むのですが、でもやはり女性の感覚をわかったような気になっちゃいけないということを常々思っています。

何よりも知ることが重要

それから、本州出身だという人には「自分はそもそもアイヌを知らないから差別しようもないよね」というコメントをする方がよくいます。「自分は本州出身なのでこれまでアイヌの方のことはあんまり考えたことがありませんでした。知りませんでしたけど差別心はありません」とおっしゃる方も結構いますけど、これはやはり差別という言葉を暴力や暴言という意味でのみ捉えてしまって、制度的に権利を制限する、土地や資源を奪うことが視野に入っていないのだと思います。

明治期などかなり古い時期に北海道に移住している日本人、私が和民族とか和人と呼んでいる人たちには、それなりに本州での生活が苦しくて移住してきているという事情もあります。この人たちは国の政策として北海道に送り込まれた。ある意味では望まないけれども、地元を離れざるを得なかった。そういう人たちもいるわけです。

そうやって人々を送り込んで産業を作りましたが、その収益はどこに行くかというとやはり国の中央に行くわけです。植民地政府が支社だとすれば、本社は本国です。植民地の収益は必ず本社に行きます。これはたまたまかもしれませんが、朝鮮半島の支配に関して「自分は内地出身だから知らない」というコメントはあまり聞きません（そもそも植民地支配があったことも知らない人はいますが）。同じように、北海道に移住したことがないからといって、アイヌを直接に殴ったり罵ったりしたことがないからといって、北海道の歴史に自分の関わりがないと考えてはいけないでしょう。同じ国なのに差別が生まれてきた歴史や現状を「知らない」で済ませるのは、むしろそれはひどいんじゃないかなと見ることもできるわけです。

ですから先ほど紹介していただいた本の中にも書きましたけど、無関心でいることはできても無関係でいることはできない。これもいろんなマイノリティの研究中の中で私が学んだことなのですが、自分は知らなかったからといって、相手に対して何のプレッシャーも与えてないとは限らないということです。望まない形で誰かを抑圧することをやめたい人も、それをやめてほしい人も、やはり何よりも知ることが重要だと思うわけです。

マジョリティに合わせないと生きていけない

そして一つ重要なのは、マジョリティの人々は、みんな日本にいる人たちは自分と同じだと感じて

図13

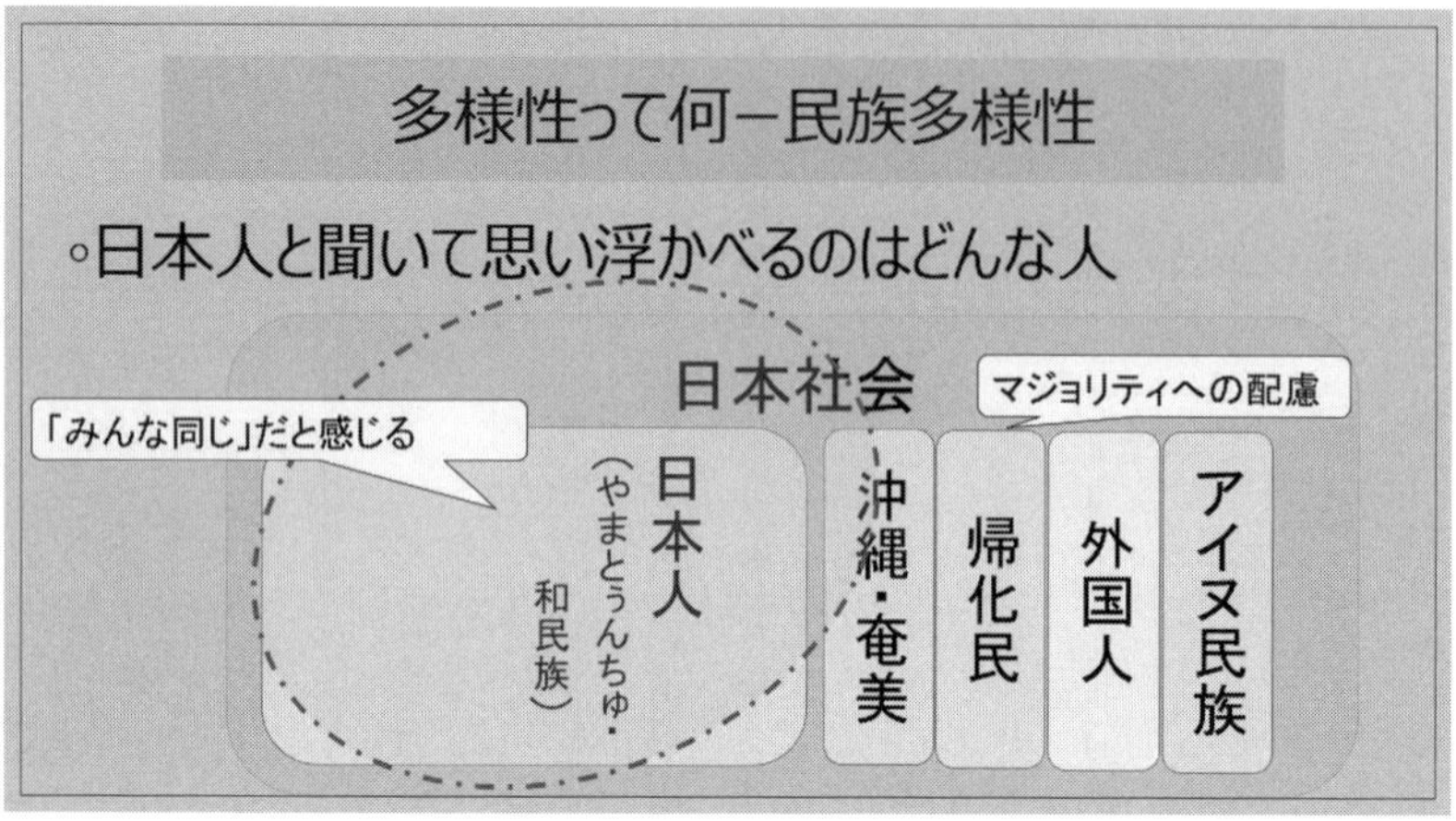

暮らしてるわけです。「普通」の日本人だけが日本中どこにでもいて、同じ暮らしがあると思っているのだけれども、実際には日本社会にはいろんな背景を持った人がいます。

日本国籍を持っている琉球※・奄美系の人々、それからアイヌ、そして外国ルーツ、海外ルーツだけれども日本国籍を取得した人、それから国籍としては外国だけれども、日本社会でずっと暮らしている人、こういういろんな人たちがいるわけです（図13）。でもあまり普段そのことを意識することがないので、みんな同じであるように思っている。そこには、マイノリティはマジョリティのことをよく知ってそれに合わせないと生活することができないという事情もあります。例えば会社という組織は、ちょっと前までは男性中心の社会でした。そこで女性が働こうと思うならば、男性はどうやって働いているのか、男性はどういうことを考えているのか、男の作ったルールとはどういうものなのかということをよく知らなければ、会社の中で生き残っていくことができない。

言葉もそうです。例えばある人が東京に進学でやってきて、コンビニでアルバイトを始めたとします。そこでお客さんに「たんでぃがたんでぃ」（宮古語でありがとう）って言ったら、お客さんはポカンとしませんか。それから「にふぇーでーびる」（沖縄語でありがとう）と言うとやはりポカンとします。「とーとぅがなし」（与論語でありがとう）と言っても全然通じません。「おおきに」って言うと何とか通じるかもしれない。「だんだん」と言ってみたりとかね。アイヌ語では「イヤイライケレ」と言いますが、要は「ありがとう」という言葉を「ありがとう」と言わないとコンビニで働けないわけです。自分の文化や言葉を維持しながら、マジョリティ社会の中に参画していくということは、それができればいいのですが今のところできないわけです。だからマイノリティは、習慣から言葉から何から何まで、マジョリティのことをよく知って寄せていかないとこの社会の中で生活することはできない。

ところが皮肉なことに、そうするとマジョリティはますます「みんな俺たちと同じだ」という思いを強めてしまう。こういう構造があって、マイノリティは目につきにくくなってしまうわけです。

それからこれは後でゆっくりご覧いただければというふうに思いますが、一人の人間にもいろんな面があって、この人はマジョリティだと簡単には言うことができない。先ほども言いましたけど、私は民族的にはマイノリティですけれども、性別では男性でマジョリティ側にいて、それから異性愛者であってという感じで、一人の人もある面ではマイノリティ、ある面ではマジョリティというようにたくさんのものが重なって出来上がっています。自分はどっちにあてはまるのかは後で見てみてほしいのですが、ここで言っておきたいことは、**図14**の左側に該当するものが多い人ほどマジョリティ性

図14

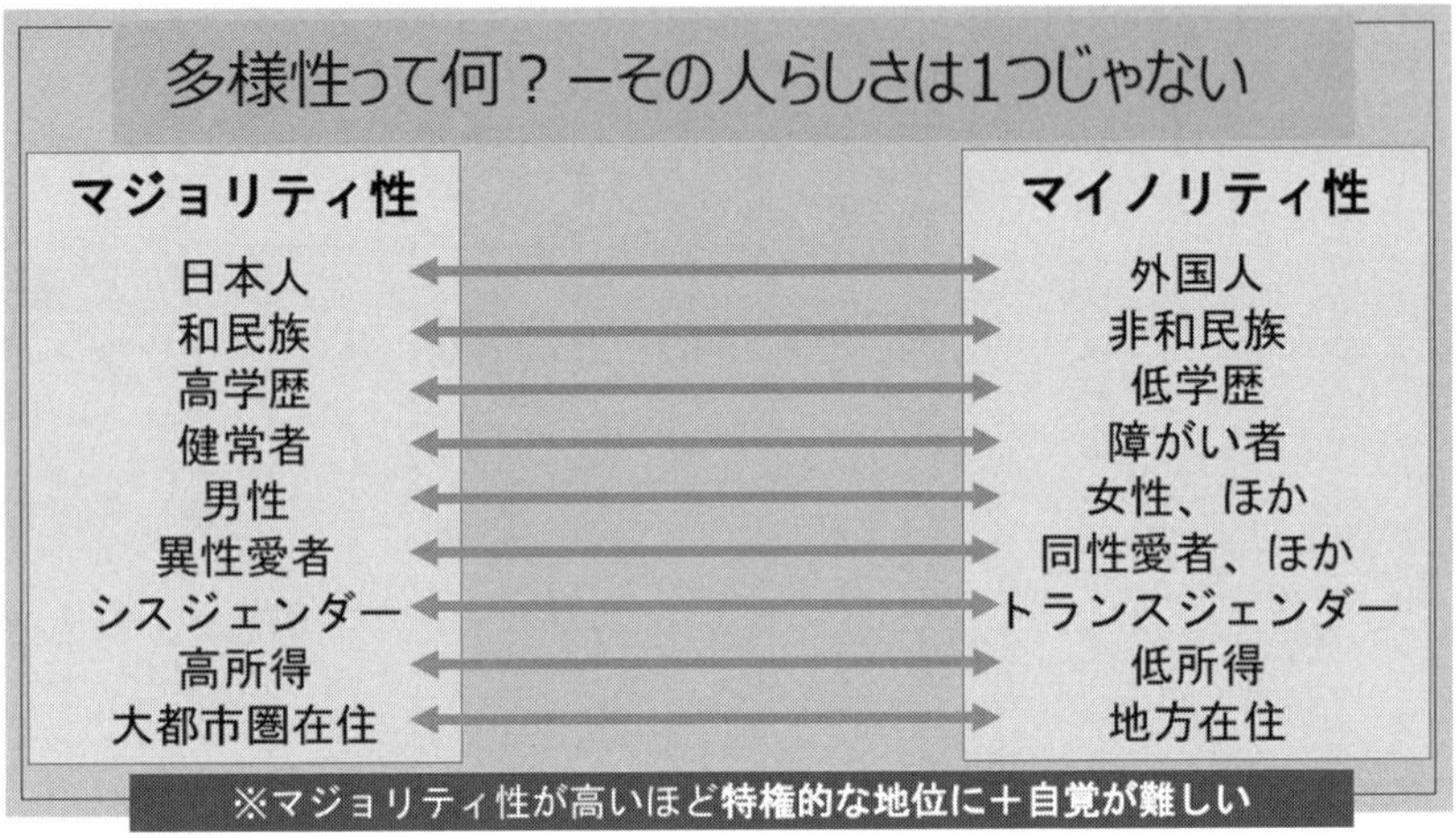

を強く持っている。マジョリティ性を持っている人には、生まれつきいろんなことが許されている、認められているということです。

※　これまで沖縄県の人々と接する中で、自称として「琉球」が使われている場面に多く接し、ここでもそれを尊重する意図で琉球という言葉を使っています。この講演後に、奄美ルーツの人から「琉球」の中に奄美が含まれるという見方もある、ということをご教示いただきました。この方の感覚としては、奄美と対置するのは沖縄の方がふさわしいとのことです。ただ、同じ奄美の中にも、自分たちを薩摩の一部と感じる人もいるため、これだけが正しい書き方とは言えないそうです。貴重なご教示に感謝し、日本の民族や国の枠組みについて考え続けていく上での一つの指標としたいと思います。

マジョリティの自動ドア　マイノリティの手動ドア

今年、北海道大学大学院にいるある女子学生と話した時のことです。その人は大阪出身の人で、まず大阪の大学を出てから北海道大学の大学院に進学しました。そこでまず大揉めだった。4年制大学に行くというところで、ちょっとなんかピリピリっとした空気が親戚の中に流れて、それが今度は札幌の大学に行くというので、何を考えているんだとものすごく揉めたと言っていました。そこまでしてお金をかけて学んでどうするんだと、女子学生の場合は言われてしまうことがある。でも男子学生にもないとは言いません。私も親から「大学院なんて貧乏人が行くとこじゃない」と言われたのでないとは言いませんけど、でもどちらかといえば男子学生の方が「よしやってみろよ」と言ってもらえる。「学んだことはきっとその先の収入にも繋がる」といった期待を身内が持ってくれて、進学するのが当然だという感覚で育っていくことができます。女子学生の場合は、必ずしもそうじゃない。２０２４年の今年でさえ、本当にそうじゃないということに驚きを感じますけれども、何が言いたいかというと、マジョリティはそういうふうに最初からいろんなことが許されているので、みんなこれが普通だと感じてしまうわけです。隣に座っている人は自分とは違う、いろんな制約を感じながら暮らしているっていうことになかなか気付けなかったりするので、マジョリティとマイノリティの間にはものすごく大きな感覚のギャップが生まれてしまいます。

こういうマジョリティの特別な恵まれた環境、これについて上智大学の出口真紀子先生は、「自動ドア」という表現をされています。マジョリティにとってはそこにドアがあっても自動でガーッと開くので全然気にならない。ところがマイノリティの場合は手動で開けないとドアが開かないとか、どうやっても開かないドアもある。そういう暮らしをしているけど、自動で開いてしまう人にとっては全然それがわからないということなのです。

旧土人保護法と不平等分配

さて、差別があるのかないのかという話に戻りますけれども、まず差別の原因と結果を分けて考えてみたいと思います。多くの人が、今は、差別はなかろうと感じているのだろうと思いますが、それはなぜかというと、差別が起こる原因がないと感じるためです。つまり「あの人たちを見下してやる」とか「あの人たちを追い出してやる」というような気持ちを自分が持ってないので差別はないじゃないかということです。ところが実は、その差別と格差というのは、原因がなくても起きてしまう。あるいは昔起きたものがずっと継続するということがあるので、実際にその境遇にいる人にとっては、今も全然変わってない。昔めちゃくちゃ差別があった頃と今とは何もそんなに変わってない、この結果は維持されているよという感覚があるわけです。そこでこの結果に注目してみる。例えばAの民族には認められていることが、Bの民族には認められていない。こういう形での権利の侵害っていうところに注目してみるとどうでしょう。

これは明治期にあった大きな制度的な差別の例を挙げたものです。北海道はそれまで日本の国の外側だったわけです。それが明治になって大急ぎで測量をしてどこにどういう産物があるかということを調べていき、どれぐらい農耕に向いた土地があるのかとか、そういうことを調べて区画整理をして本州から移住してくる人々に優先的に割り当てして渡していきました（図15）。大企業にも非常に広大な土地を分配していきました。一方、アイヌが暮らしてきた土地は私有地と認められなかった。「これはお上が管理します」といって公有地になり、お上はどこに分配するのかと言えば、本州からの移住者に分配してしまった。こうして強制移住と不平等な分配が起こっていきました。その一つの例が

図15

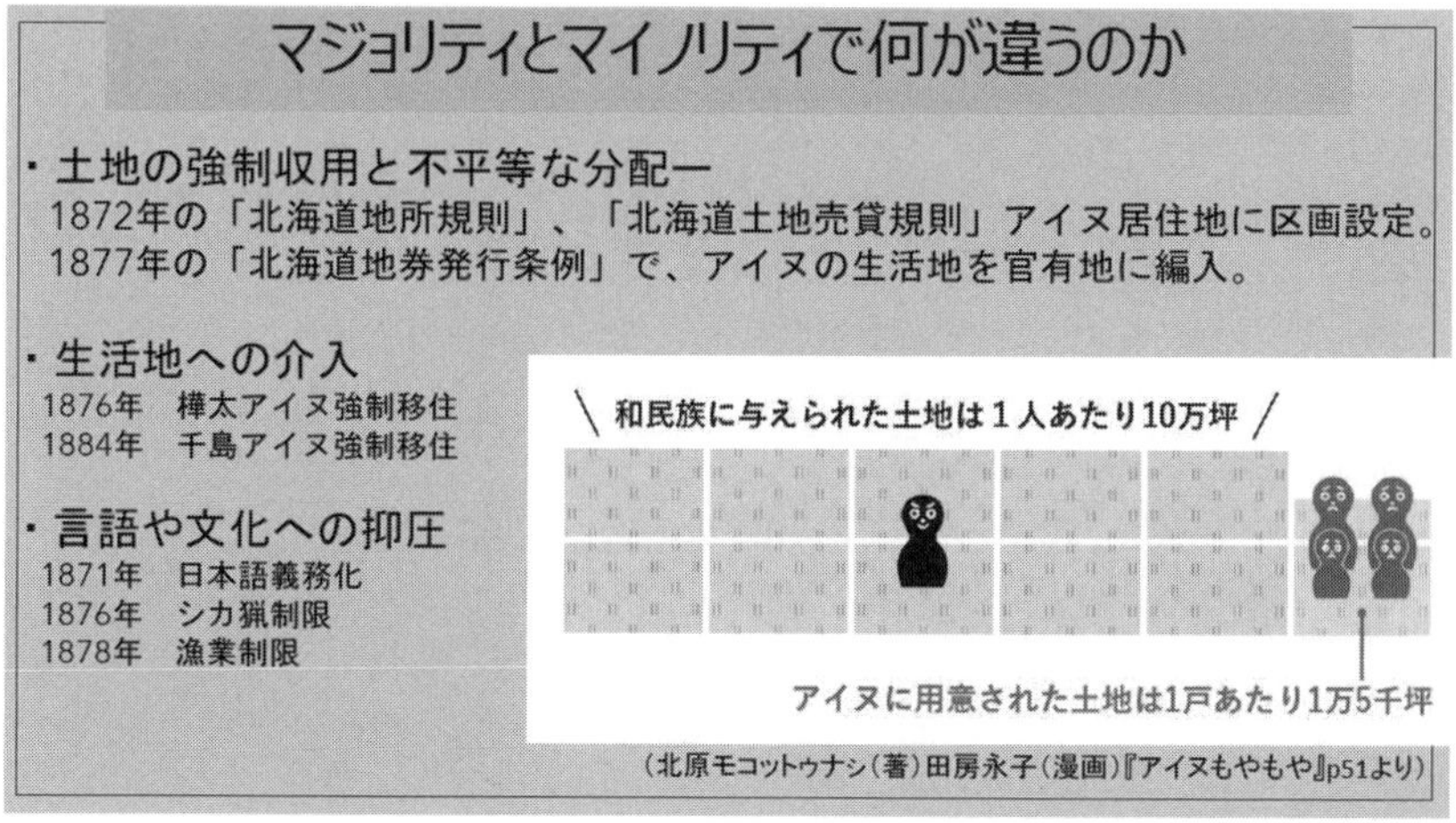
マジョリティとマイノリティで何が違うのか
・土地の強制収用と不平等な分配ー
1872年の「北海道地所規則」、「北海道土地売貸規則」アイヌ居住地に区画設定。
1877年の「北海道地券発行条例」で、アイヌの生活地を官有地に編入。
・生活地への介入
1876年　樺太アイヌ強制移住
1884年　千島アイヌ強制移住
・言語や文化への抑圧
1871年　日本語義務化
1876年　シカ猟制限
1878年　漁業制限
＼和民族に与えられた土地は１人あたり10万坪／
アイヌに用意された土地は1戸あたり1万5千坪
（北原モコットゥナシ（著）田房永子（漫画）『アイヌもやもや』p51より）

有名な旧土人保護法ですが、これは明治の後半にできた法律で、土地に関する重要な法制は明治の初期に作られていきます。

これらの制度によって北海道の土地の再分配があらあら済んでしまった後に、旧土人保護法という法律ができ、さらにアイヌの農耕民化を徹底しようとするわけです。申請したならば1家族当たり1万5千坪を貸し与える。その土地を10年ぐらいかけて農地にできたならそのまま使ってよい。でも農地化できなかったなら返さなければいけない、こういう制度です。その一方で和民族が得られる土地は1人当たり10万坪です。アイヌの1家族1万5千坪に対して、和民族は1人当たり10万坪でした。ものすごく大きな違いがあります。こういうものを制度的差別と呼んでいるわけで、これが一番わかりやすいものですけど、日常的にはもっといろんなところでマジョリティに許されていることが、マイノリティに許されていないことがたくさんありました。

図14

マジョリティとマイノリティで何が違うのか

白人特権のリスト

①私は子どもの安全のために、構造的な人種差別を意識して教える必要はない。

②私が口の中に食べ物を入れたまま話したとしても、肌の色を理由にバカにされることはない。

③私と同じ人種に属するすべての人々を代表して話すようにと言われることはない。

④私が店などで責任者を呼ぶと、ほぼ間違いなく自分と同じ人種の人が出てくる。

⑤私は自分の外見やふるまい、体臭で私の人種が評価されるということに気を遣う必要がない。

⑥私は、自分が働きたい分野で私と同じ人種の人が受け入れられているかを、その分野で働いている先輩に聞くことなく、より多くの選択肢について考えることができる。

⑦私がリーダーとして信用されていないとすれば、その理由は人種のせいだけではないだろう。

白人特権、男性特権、そしてシサム特権

こうしたマジョリティが労せずに得る優位性を特権と呼んで、それをリスト化する研究がアメリカで80年代ぐらいから行われるようになってきました。ここに白人特権のリストと書いたものがあります（図16）。

ある白人女性研究者が、普段意識してないけれども、ヨーロッパ系の人間としてアフリカ系、アジア系の人に比べていろんなところで自分は実は優遇されているんじゃないかということを考え、それを数え上げてリスト化したものです。ここではその一部分を紹介しています。例えば「子どもの安全のために構造的な人種差別を意識して教える必要はない」。社会に差別があったとしても、自分たちはする側だから自分の子どもにそういう被害が及ぶ心配はない。それから2番目。「私が口の中に物を入れたまま話をしたとしても、肌の色を理由に馬鹿にされることはない」。つまりあくまで個人として評価されるので、ちょっとお行儀悪いよと言われることはあるかもしれないけど、これがアジア系、アフリカ系だったならば、やっぱり「あ

図15

マジョリティとマイノリティで何が違うのか

男性特権のリスト

⑧私がたびたび昇進に失敗した場合、その理由は性別のせいではないだろう。

⑨私は夜に公共の場所をひとりで歩くことを怖がる必要がない。

⑩私が責任者を呼ぶとほぼ間違いなく私と同じ性別の人が出てくる。さらに組織で地位が高い人ほど、そうであると確信できる。

⑪私の運転が不注意だからといって、人々はそれを私の性別のせいにはしないだろう。

⑫私が複数のパートナーと性的関係を持つからといって、非難されたり、軽蔑の対象にはならないだろう。

⑬私の外見が魅力的ではないとしても、それは大きな問題ではないし、なんでもないことだと思える。

なたち」はだらしないのねと一括りに、その人の属性を理由にだらしないと言われたりする。またお店などで責任者を呼ぶと、ほぼ間違いなく自分と同じ人種の人が出てくる。だから初めからその店の高い地位にある人との間に共感がある。

こういう研究が発表され衝撃を与えました。そして今度は男性研究者が、自分も男性として何か特権を持っているのではないかと考えてみたというのがこの表（図17）です。

これも一部分だけ抜粋したものですけど、例えばある組織に行き責任者を呼ぶとまず間違いなく自分と同じ性別の人が出てくる。店長を出せとか、社長を出せと言うとだいたい男性が出てくる。先ほどの人種と同じような傾向がここにもあります。それから運転が苦手だとか、地図を見るのが苦手だということがあったとしても、性別を理由にして馬鹿にされることがない。あんたは方向音痴だねと言われることはあるけど、もし女性が運転を苦手としていたりすると「女性はこういうこと苦手だよ

図18

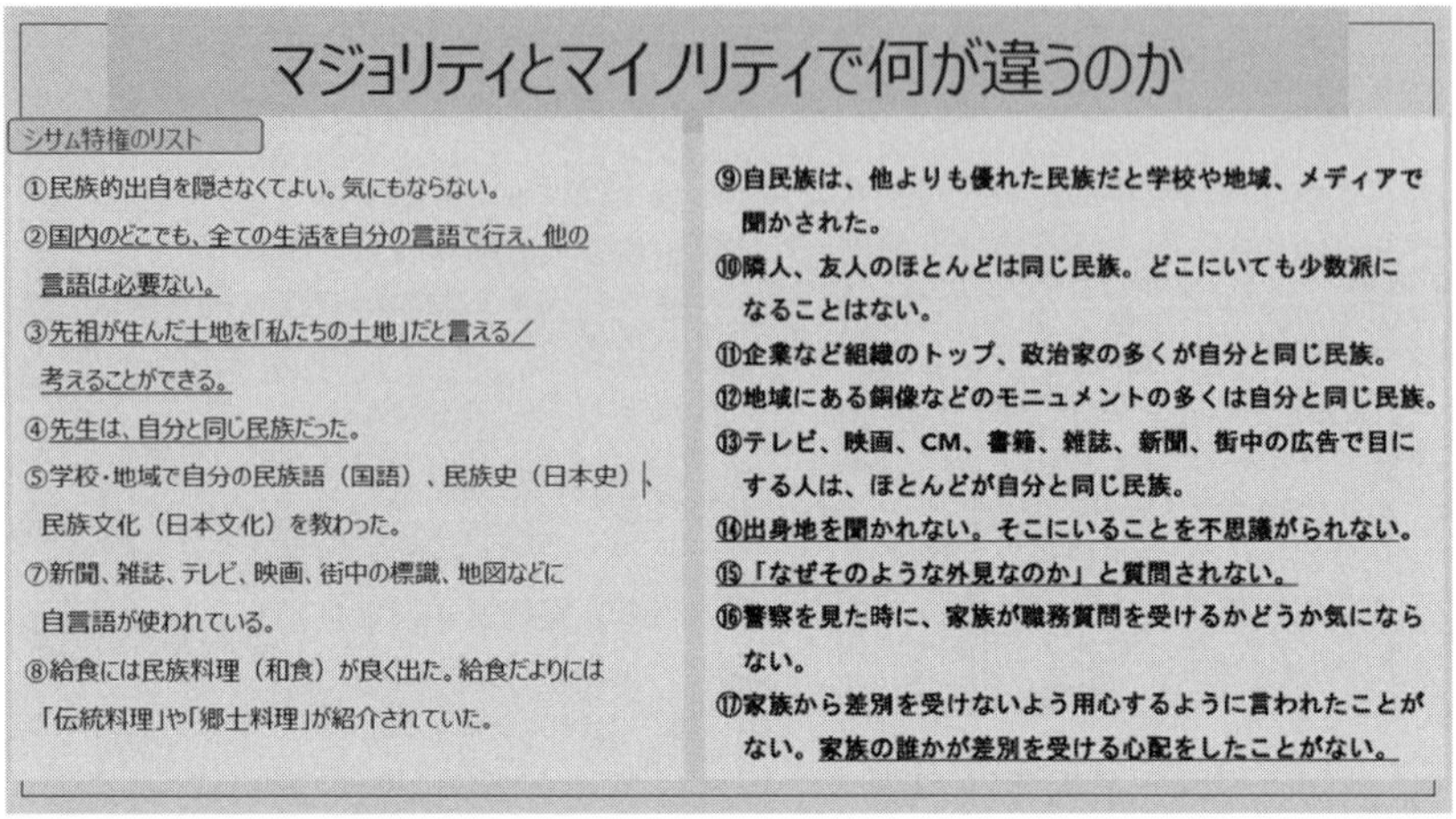
マジョリティとマイノリティで何が違うのか
シサム特権のリスト
①民族的出自を隠さなくてよい。気にもならない。
②国内のどこでも、全ての生活を自分の言語で行え、他の言語は必要ない。
③先祖が住んだ土地を「私たちの土地」だと言える／考えることができる。
④先生は、自分と同じ民族だった。
⑤学校・地域で自分の民族語（国語）、民族史（日本史）、民族文化（日本文化）を教わった。
⑦新聞、雑誌、テレビ、映画、街中の標識、地図などに自言語が使われている。
⑧給食には民族料理（和食）が良く出た。給食だよりには「伝統料理」や「郷土料理」が紹介されていた。
⑨自民族は、他よりも優れた民族だと学校や地域、メディアで聞かされた。
⑩隣人、友人のほとんどは同じ民族。どこにいても少数派になることはない。
⑪企業など組織のトップ、政治家の多くが自分と同じ民族。
⑫地域にある銅像などのモニュメントの多くは自分と同じ民族。
⑬テレビ、映画、CM、書籍、雑誌、新聞、街中の広告で目にする人は、ほとんどが自分と同じ民族。
⑭出身地を聞かれない。そこにいることを不思議がられない。
⑮「なぜそのような外見なのか」と質問されない。
⑯警察を見た時に、家族が職務質問を受けるかどうか気にならない。
⑰家族から差別を受けないよう用心するように言われたことがない。家族の誰かが差別を受ける心配をしたことがない。

ね」って、ちょっとなんか雑に括られます。それから複数のパートナーと性的な関係を持つからといって非難されたり軽蔑されたりすることはないでしょう。今はそんなことはないかもしれないけど、でもちょっと前までは、複数のパートナーと性的な関係を持っている男性は、モテモテだねとか、やりますね、みたいな感じで、なにかちょっと前向きに評価されることが多かった。でもこれがもし女性で複数のパートナーと性的な関係を持っていたら、最低だねと言って軽蔑されてしまう。だから同じ性に関わることでも、性別によって全く評価が変わってくるのです。

こういうところでネガティブな見られ方をしなくてよい、何かの制限を受けなくてよいということが男性の特権で、これが先ほど言いました結果の違いというものです。原因を特定しなくとも、結果に違いが出ているということがわかる。わかりやすく法律で決まっているような制度的な格差ばかりじゃなく、こういう日常生活のいろいろなところに、立場によって生じる結果の違いがある。そこで、日本社会の中でも民族的なマジョリティとしての和民族・シサムはどういう特権を持っているのかというのを、私が思いつく順に書き出してみたものが、ここに上がっているものです（図18）。

一番根本的なことは、民族的な出自を隠さなくてもよい、あるいは考えたこともないぐらい気にならないこと。これはマジョリティにとっては何でもないことのようですが、実は特権です。マイノリティは、自分は何者なのかということを常に周りから問われています。なぜあなたは同性が好きなのか。なぜあなたはアイヌなの、なぜ日本と違うの、どこが違うの、ということを常に問われているので、何かそれに応えなければいけないと感じさせられる。でも別に答える義務はないのです。知らない。別にあなたに教える筋合いはないと言って突っぱねても構わないのだけど、なかなかそうはできない。周り中から常にそう言われている、マイノリティとして何か「ちょっと変わっているんじゃないのか」と見られやすいので「おかしくないよ、ほら普通だよ」と一生懸命説明しないといけないような立場にいつも置かれている。だから日本で、いわゆる日本人以外の民族として生活している人は、自分とはこういうものだとある程度説明できる準備をしていないといけない。ところが自分を「アイヌでも奄美でも沖縄でも海外ルーツでもない」と考えている学生に「では、あなたは何民族ですか」って聞くと「民族という括りでは考えたことがない」という。「では何人ですか」と聞くと「それも考えたことがないですよ。強いて言えば日本人です」という答えになる。隠すどころか気にしたこともないし、違いがあると思ったこともないという感覚です。アイヌの場合は、いろんな場面で、自分はアイヌですと公表するか伏せておくか、公表するなら何を聞かれるか、ということを考えておかねば

図19

何故違うのか

・植民地主義＝領土を拡張し、自民族中心の政治・経済体制に他の民族を取り込む

・人種主義＝人をグループに分け、グループの間の違いを強調する。違いを優劣に置きかえグループの間には運命的な優劣の差があるとする。

※「人種化」は体質以外の理由でも起こる

つまり「フツウの人」から切り離し、フツウに尊重しなくなる
→土地、くらし、言葉が守られないのは「仕方がない」

ならない。先ほども言いましたように、行事等で楽しくアイヌ文化を紹介する人気の講師がたくさんいるのですが、そういう人たちであっても、日常的には自分がアイヌだとは公表していません。

ある意味、この場のような不特定多数の人に向かって、私がみなさんの前でアイヌですと言っても、ひとりひとり全員を認識できるわけじゃありませんし、多くの人とはもう二度と会うことがないかもしれないのです。私は明日、徳島に楽しい調査に行くのですが、それっきりもう神戸には二度と来ないかもしれないので、ある意味では気楽に振舞っていることができる。ところが、同じアパートに住んでいるとか、子どもが同じ小学校に通っている保護者同士とか、何か長くしがらみが続くような人間関係の中では、ちょっと慎重にならざるを得ない。そういう悩みを抱えている人が、今の今年の今日の札幌市にいます。

自分の存在そのものに関わることですから、自分が何者かを気にしなくてよい、全く隠さなくてよいというの

が最も大きな特権だろうと思います。

植民地主義と人種主義

こうした違いがなぜ生まれているのか。民族の違いによってここまで大きな暮らしの違いが起こったのはなぜなのかということをかいつまんで書いたのがこの図19です。まず植民地主義というものがあり、江戸時代までの日本の範囲が明治時代に拡大しました。

領土を拡張して自民族中心の政治経済体制に現地の人間を巻き込んでいくのが植民地です。それから先ほどお話ししたように、この土地は一旦行政が管理して企業や個人に下げ渡します。こういうことをどんどんやっていく。するとそこに暮らしていた人たちは、自分たちの土地が使えなくなる。あるいは狩猟採集の暮らしをするには非常に広い山林が必要なのですが、そういうところをどんどん造材業者が来て木を切って、紙にしたり材木にしてしまったりする。するとそこでは今までの狩猟採集の暮らしができなくなってくる。それどころか、言葉を変えなさい、名前を変えなさい、宗教も変えなさという形で、非常に強烈な介入がされる。それが植民主義です。かなり無茶な政策です。やる側にも正直、こんなことしちゃっていいのだろうかという葛藤がある。現地の人たちをまるで人間扱いしてないじゃないかという葛藤を抱くような強引な政策なのですけど、これを可能にするのが人種主義です。

人種主義は今日では否定されていますが、この考え方に立てば「人間にはいくつかの種類があって、上等なものと下等なものがいる。下等な連中は上等なものたちが導いて発展させてやるしかない」

という形で、強引に相手の生活を変えていくことを正当化することができる。どこの地域でも必ず、この人種主義と植民地主義の二つがセットになって進んでいきます。

ところが多くの人々はこういう歴史があったことを教えられることなく、忘れてしまうわけです。だから本州の学生が北海道に来るまで1回もアイヌについて聞いたことがありませんでしたというのは、かつて自分たちの国がこういうことをやってきたという歴史を学校で全く教えないからです。だから同じ国民の中になぜアイヌがいるのかということを知らないし、どこでどう過ごしているのかということも全然知らないのです。

差別の土台は見えない

この三角形の図20ですが、これは上の方に行くと見えやすい差別、下の方に行くと見えにくい差別というものを図化したものです。一番根本の部分が人種主義や植民地主義です。これによって格差が出来上がります。人種主義も偏見ですが、さらに格差によって生じた偏見が加わり、当事者でなければ気づかないようなわかりにくい差別が起こります。これらは当事者にとっては苦しいものですが、それ以外の人には見えにくいものです。多くの人が差別と感じるのは暴力的な事件です。例えば放火されてしまうとか、そういう暴力的な事件や裁判になって争われるような非常にわかりやすい名誉毀損など、こういうものは差別と認識されるけれど、それはいきなり始まったわけではなく、下からずっと積み重なってきているのです。

だからこの下の部分を知らないことには、なぜ差別があるのか、差別を解消するにはどうしたら

図20

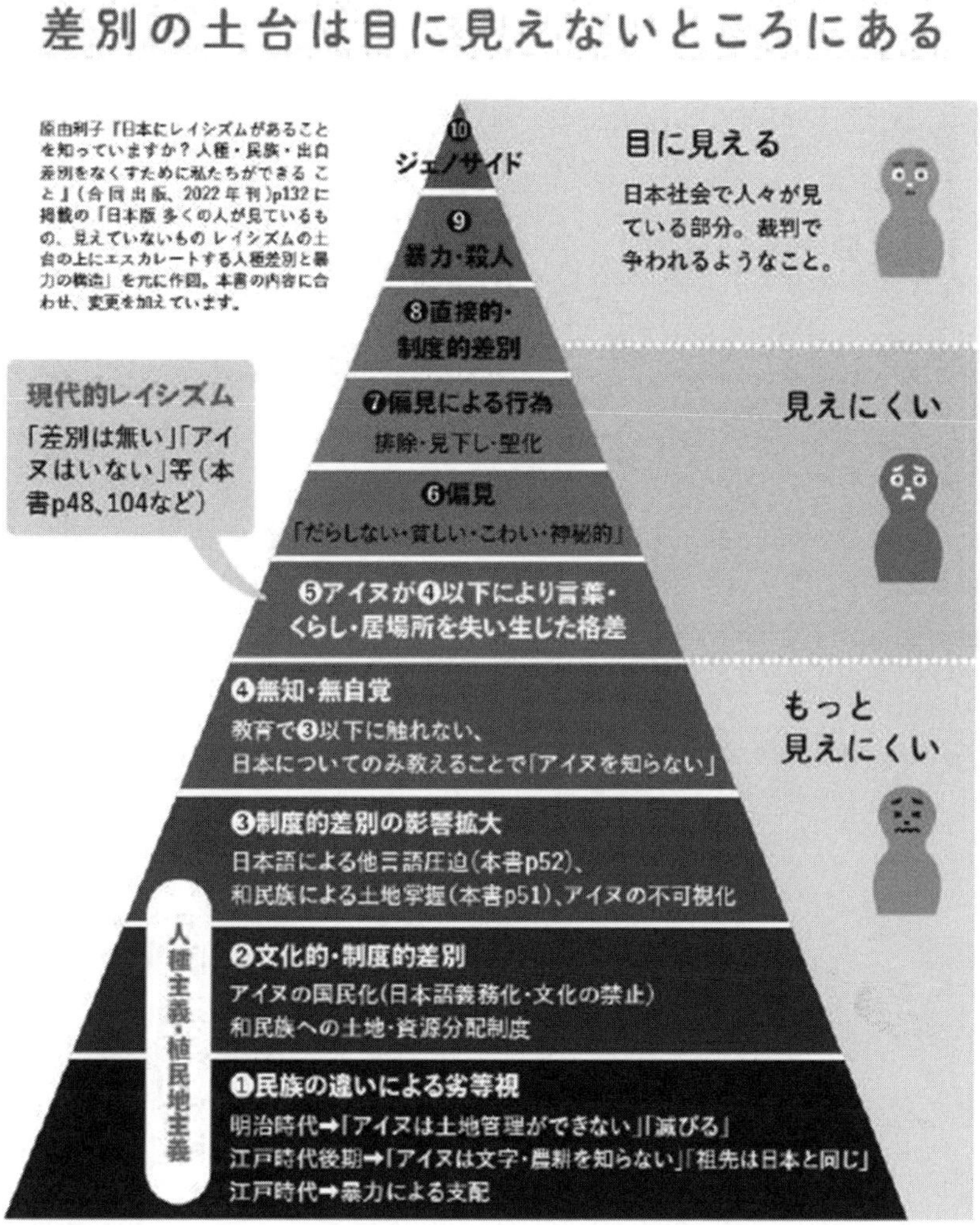

出所：『アイヌもやもや』（北原モコットゥナシ／著、田房永子／漫画、303 BOOKS）130頁

いいのかを考えようとしてもなかなか難しい。また「今は差別はない」という、質問というより主張をされることもよくあって、私はいったどこから答えていいのか、非常に困ってしまいます。

先日、NHKのニュースにサヘル・ローズさんという方が出ていましたが、この方はイランの出身で4歳のときに戦争でご家族を殺されてしまい、それから養母のところで手厚く育ててもらい日本に移住して暮らしている人です。4歳のときの出来事だけど30代になってもずっとその苦しみが続いている。自分の家族を殺した相手に対する憎しみでずっと苦しんできた。ある程度それを克服できたのは、自分の養母の愛情のおかげだとおっしゃっています。今パレスチナやウクライナで戦争が起きていて、子どもたちが今日生きられるかどうかということもすごく重要だけれども、生き残ればそれでよかったということではない。そこから10年、20年、ずっと苦しむということを知って、子どもたちを見守り続けてほしいと彼女は言っていました。それがトラウマです。大きな災害、あるいは暴力的な事件によってできた心の傷は、適切なケアをしないとずっと続いていく。アイヌが経験していることも同じことだと思います。

私の母親が中学校時代にアイヌとしての差別を受けていたのですが、60歳過ぎて同窓会で顔を合わしたときにまた同じことが起きました。母は同窓会だからとちょっといいスカートをはいて行ったのですが、それがおもしろくなかったのでしょう。同級生の女性に「どうせこれをめくれば毛があるんだろう」という感じでスカートをめくられてしまったそうです。それが起きたのはもう20年ぐらい前ですけど、20年前のことだからそれはいいのか、中学校の頃のことはもういいのか、それは過去のことなのか。やはりうちの親はずっと苦しみ続けているわけです。

図21

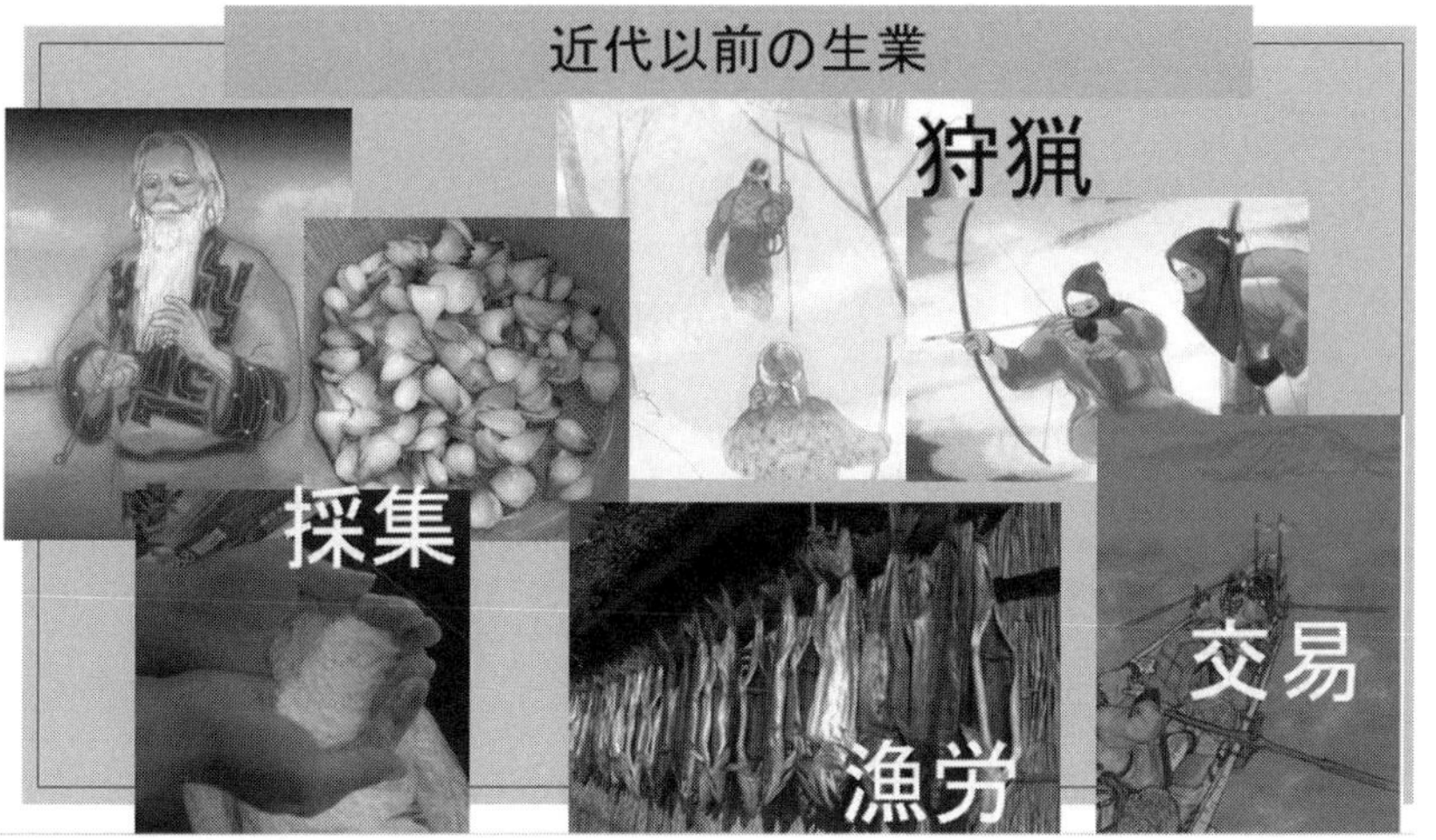

だから現在も、差別的な言動は起こっているけれども、過去に起こったことだとしても、決して「もう過去のことだから済んだ」とは言えないのです。民族共生社会の実現を目指すとよく言われますが、重要になってくるのは、まずこの社会に誰と誰がいるのかということが今の日本の中ではあまり認識されていない。みんな同じだと漠然と捉えられているとしたら、それで共生できたことになっちゃうわけですけど、実際には違う人がいて、相手から見たら自分はどういう人に見えているのかということを考えないと、そこからどう共生していけばいいのか、どういうギャップがあるのかということを、なかなか考えることができないわけです。

狩猟、採集、漁労、そして交易

次にアイヌ文化のことについてです。近代以前の文化、明治になるまでに形成されてきた、いわゆる伝統文化と言われたものがありました。

狩猟、採集、漁労、そして交易です（図21）。アイヌ

図22

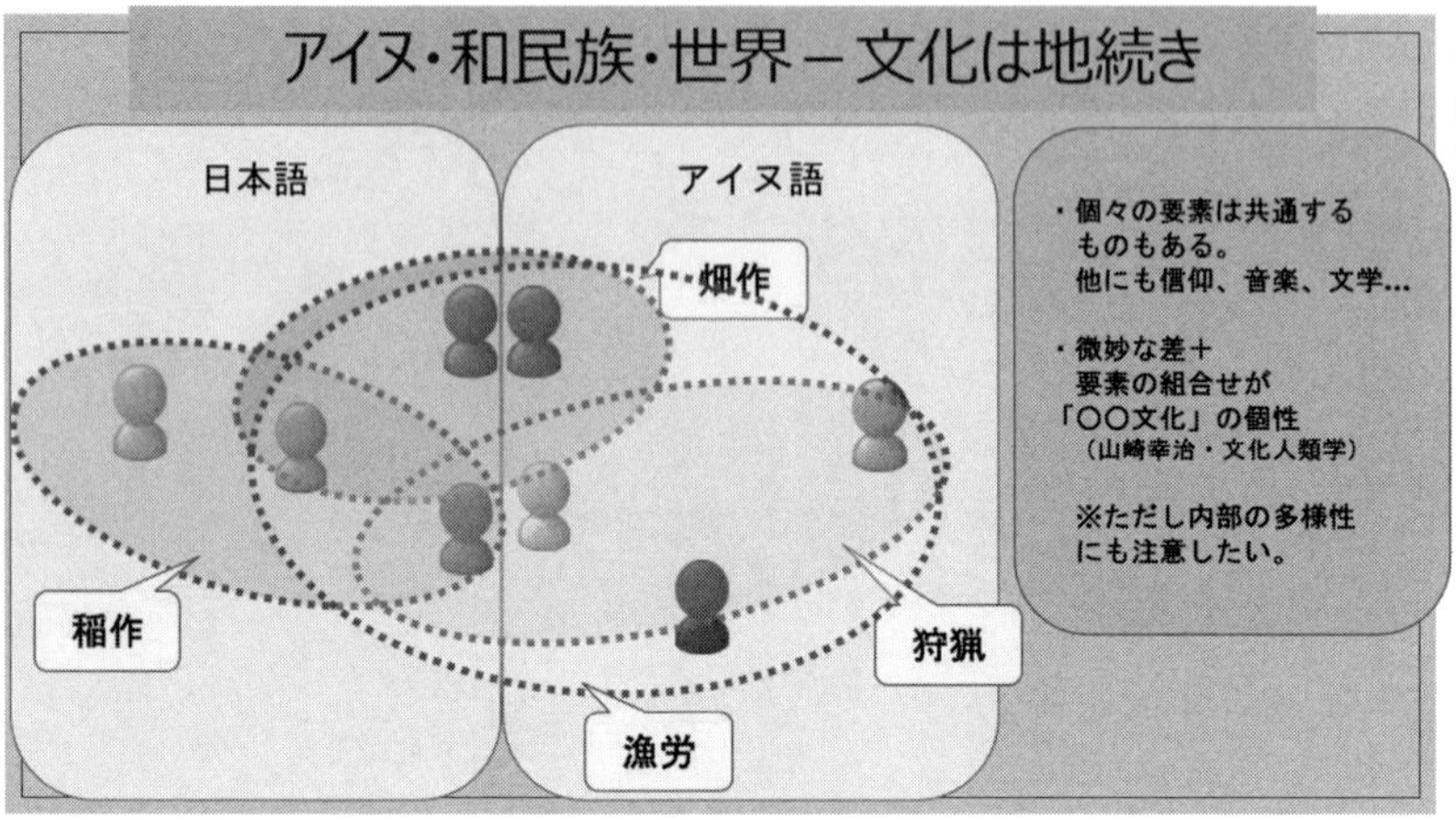

語は先ほどの映像で紹介されました。狩猟、採集、漁労と言うと学生たちが想像もつかないと言うことがあります。そんな暮らしが同じ国の中にあるんですねと言うのですが、私が埼玉県の保育所に通っていたときは、散歩に行ってノビルという植物を取り持ち帰って子どもと先生と一緒に洗い、それが味噌汁になってお昼に出てくるということを経験してきました。またキノコ狩り、アケビ採りなどいろんなことがありますけど、この会場辺りにも例えば、藤や葛など蔓性の植物から繊維を取りアットゥシという木の皮の着物と同じようなものを作る文化があります。工芸品と言われるようなレベルから子どもも楽しめるような採集まで、実は採集という文化は日本中に、世界中にあるわけです。採集と言われると何か仰々しいような気がしますが、決して全く別な暮らしをしているわけじゃないのです。

図22は近代以前の生活状況を表したものです。アイヌ語の集団と日本語の集団を言葉で分けるのが一番わかりやすいので、言葉の枠に入れて分けていますが、隣り合っ

図23

自然布ー樹皮衣　アットゥシ

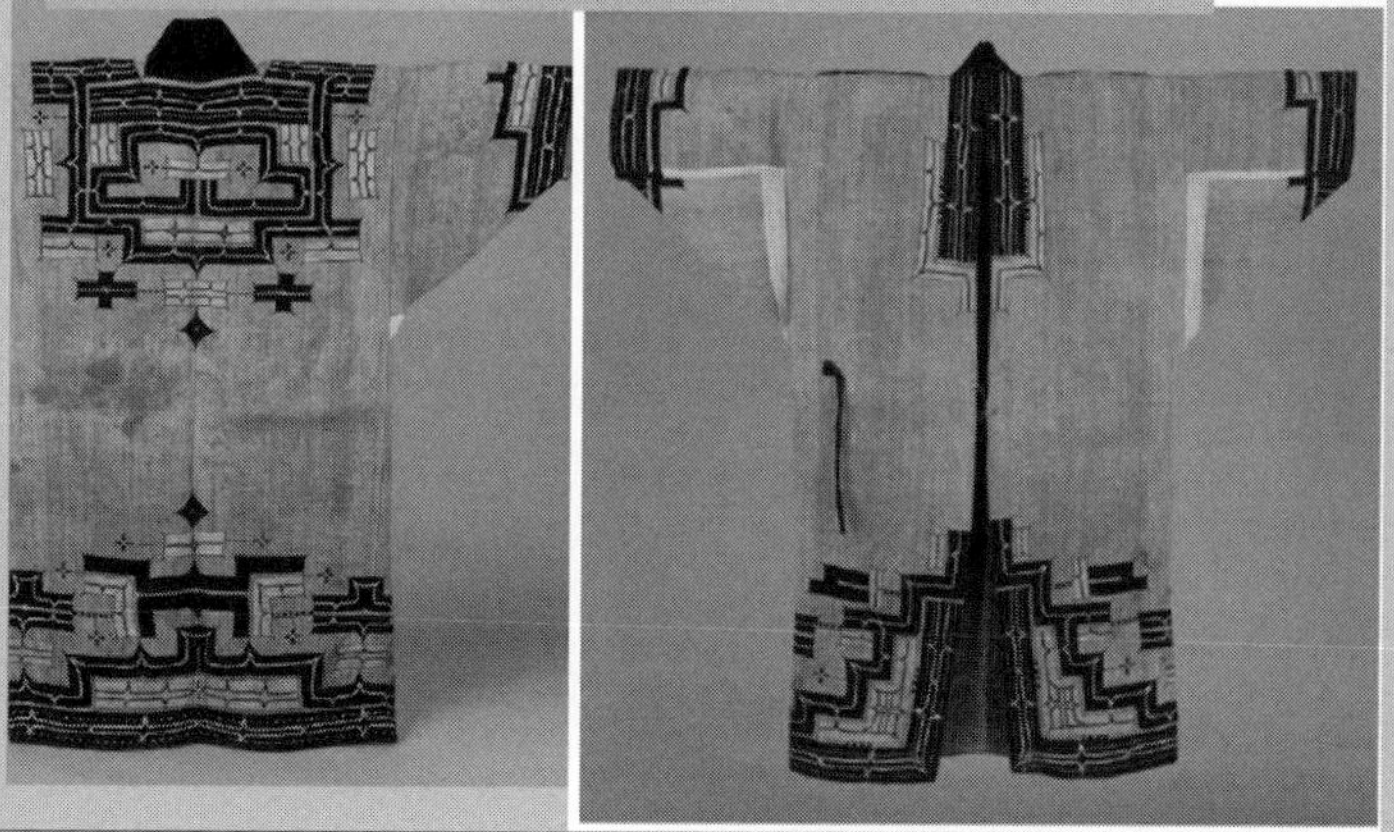

アイヌ民族文化財団『アイヌの美しき手仕事』展図録より

て暮らしている人たちは、アイヌ語も日本語も両方使えたということがあるわけです。言語の集団はわかりやすい違いだけど、完全にこれで分かれるわけでもない。また畑作ですが、日本は農耕民族なので畑作をしますと言いますが、アイヌにも畑作はあります。そしてそれぞれの集団の中にそれをしない人もいる。狩猟はアイヌも和民族もします。西日本にも狩猟は盛んにあるわけです。漁労はみんなやります。みんな魚が大好きなのでみんなで漁労します。それから日本の文化と言えばやっぱり米、稲作だというわけですけど、日本人と言われる人々の中にも稲作をしない、正月に餅をつくらない、そういう人がいたりするわけです。ですから「こちらは狩猟民族でこちらは農耕民族だ」と言ってしまうと、そのラベルのせいで全く異質な人々のような気がしますが、実はいろんなものが共有されているし、一つの集団も決して均質ではないということとあわせて文化を学んでいく必要があります。

図24

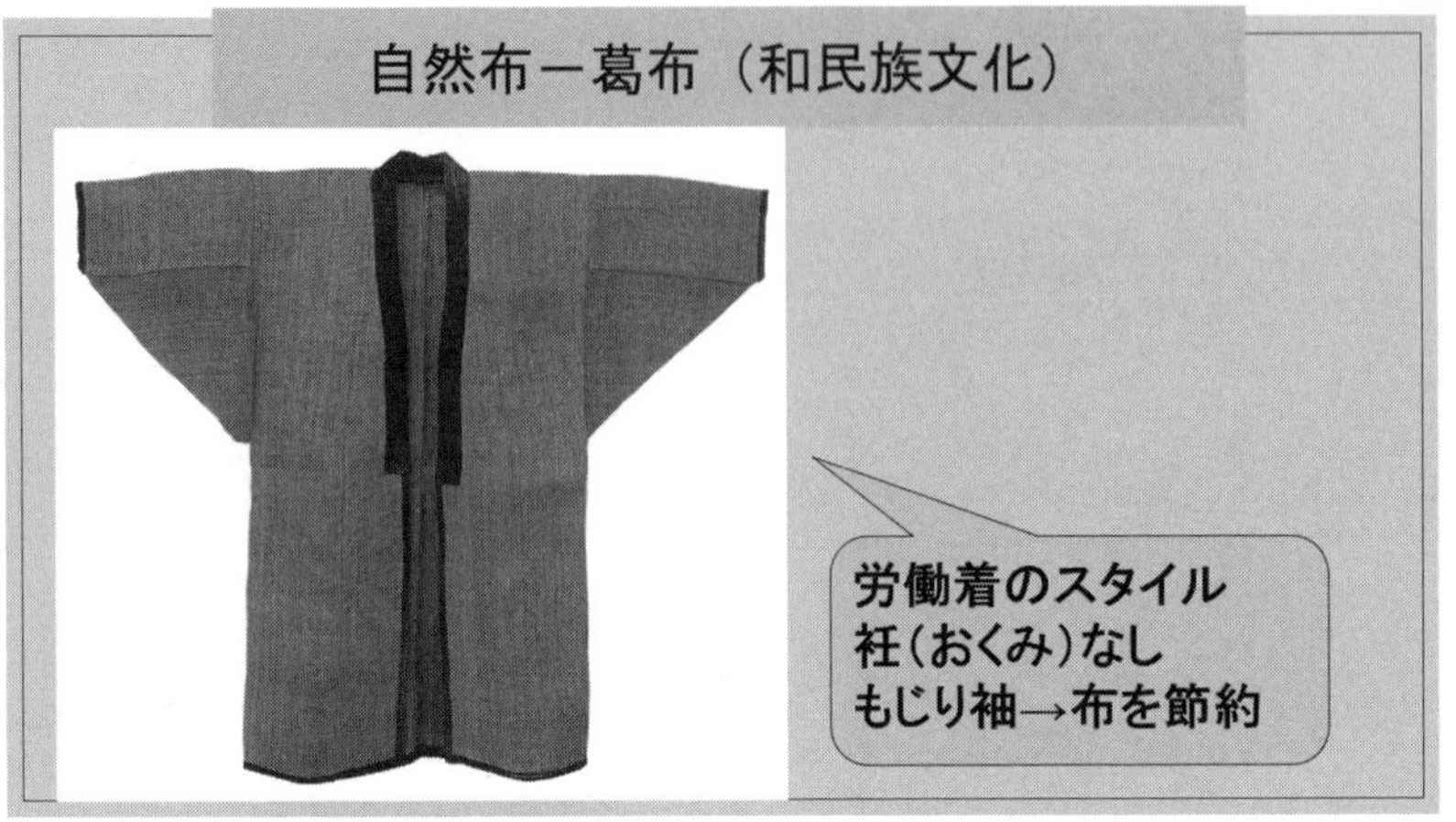
自然布ー葛布（和民族文化）
労働着のスタイル
衽（おくみ）なし
もじり袖→布を節約

グラデーションのように文化はつながり合う

これは先ほどのアットゥシという木の皮から繊維をとって作る着物で、アイヌ文化を紹介するときには必ずシンボルとして取り上げられるものです（図23）。

小学校の授業などでこれを教えると、生徒たちはみんな、すごい、アイヌの人って木の皮から服が作れちゃうんだという感想をいっぱい書いてくれますが、これとほぼ同じものが日本中にあるということを紹介しないと、情報の伝わり方としては不適切になってしまいます。アイヌの人たちがすごいのではなくて、日本中でこれをやってきたと理解するべきなのです。

この左側（図24）は岡山の着物なのですけど、岡山の着物とアットゥシは一見すると非常によく似ています。

袖の作りやおくみがない、襟がストンとまっすぐ下まで落ちている部分など、仕立て方は本当にそっくりです。素材も片方は藤で、もう一方はオヒョウというニレ科の木という違いがありますが、素人には見分けつかないほどものすごく似ている仕立て方と織り方です。何が違う

図25

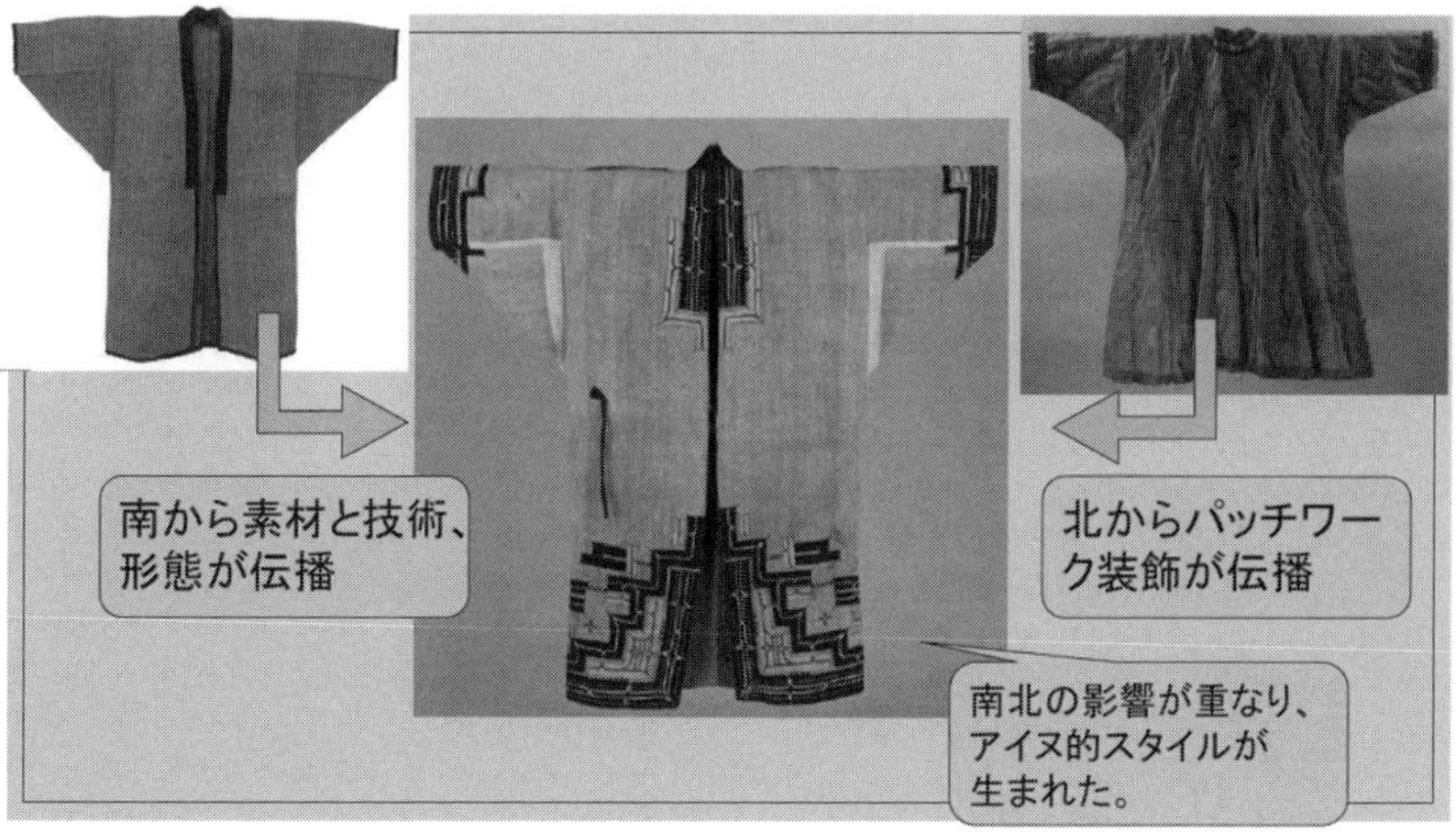
南から素材と技術、形態が伝播
北からパッチワーク装飾が伝播
南北の影響が重なり、アイヌ的スタイルが生まれた。

のかというとアイヌの着物の場合は文様が入ったりしています。

またこの文様（図25）ですが、これは北の方の魚の皮を使って服を作るという文化の中からこういう装飾の技法が生まれてきたものです。ですから素材の選び方や機織り仕立て方というのは北上してきた文化で、この文様の付け方は南下してきた文化で、この二つが重なっていわゆるアイヌっぽい着物というものが出来上がっているわけです。そうなると南のこの着物と北のこの着物が全く同じとは言えない。でも全く違うとも言えない。

完全にどこで線が引けるとも言えないのです。グラデーションのように繋がっている。

そのようにお互いの文化ができてきたと理解することで、初めてその相互理解が可能になる。異質な部分だけを強調して、面白いですね、不思議ですね、文様は魔除けですねとか言っていると、どんどんどんどん特殊な、不思議な人たちになっていってしまうので、そういう教育をやればやるほど実は偏見を強化してしまうところが

図26

神話・伝承

イワンレクトゥㇱペ（沙流）　⇔

器物・小動物が共闘

柿争い（和民族）

虎退治（中国、朝鮮、ネイティヴアメリカン、チュクチ、ナーナイ、モンゴル、ベトナム、ミャンマー、インドネシア）

パナンペ放屁譚（沙流、芽室）　⇔

鳥呑み爺（和民族）　甘い糞（朝鮮・中国・ミャンマー）

→異質な他者ではなく、協約可能な連続性のある文化を知る

→連続性教育

あります。相手と自分たちの共通性に注目して、相互理解が可能な存在であると伝えていくこと。それからなぜお互いに今、同じ国に暮らしているんだろうというその過程を知らせないと、いろいろ大事な部分が抜け落ちてしまうことを常々感じています。

最初に私がお話した今のアイヌ政策の問題とは、珍しい部分、変わって見える部分を過度に強調し脚色して、プロモーションしていくことが盛んに行われているので、それをやればやるほど偏見が強まるばかりで、今の日本社会の理には全然繋がっていかない。そういう問題があると思います。

猿蟹合戦と進化形文化事業へ

最後になりましたが、昔話のことも大好きな話題なのでぜひお話したいところですけど時間切れになりました。「柿争い」とは猿蟹合戦のことです（図26）。

この猿蟹合戦とそっくりな話がアイヌにもあって、さらにこれだけ広い地域にも同じような話がある。アイヌ

の方では、このイワンレクトゥㇱペというお化けの話になっていますが、日本では猿の話です。そして、これは日本の話だと思われていますが、実は世界中に同じような話があります。おもしろいですね。ですから文化とはそれだけで独立して存在していると考えるのではなく、地球上におもしろいもの、役に立つものはどんどん広がっていき、それがその土地に定着する中で個性が生まれ、個性もあるけど共通性もある。そういう文化ができ上がってきているということです。

しかしそれを今、日本で保持している人々がみんな同じように暮らしているかというと、やはり立場によっては非常に苦しい立場に置かれ、単にこの文化は素敵だねということだけでは済まないことがある。それをうまく融合させて繋げるような、そういう施策ができると、それが進化形の文化事業と呼べるものになるのではないかということです。

以上、十分話しきれなかったところもありますがこれで終わります。どうもありがとうございました。

※文中の引用表記のない図はすべて北原氏作成のパワーポイントからの引用です。

第2章　〈対談〉神戸女学院大学で始まる「アイヌ語」授業によせて

北原モコットゥナシ　北海道大学教授
瀧口夕美　編集グループSURE代表
大澤香（司会）　神戸女学院大学准教授

大澤香　それでは今から北原モコットゥナシ先生と瀧口夕美先生の対談を始めます。まず私から瀧口先生をご紹介します。瀧口先生は1971年道東の代表的観光地、阿寒湖畔のアイヌコタンのお生まれで、お父様は和人、お母様はアイヌの方です。明治学院大学を卒業後、編集者・文筆家として活躍し、現在編集グループSUREの代表です。主な著書に『民族衣装を着なかったアイヌ―北の女たちから伝えられたこと』『子どもとまなぶアイヌ語』などがございます。瀧口先生には今年度のプロジェクト科目においても講義を担当いただき、次年度には本学非常勤講師としてアイヌ語の授業も担当いただきます。大学でアイヌ語の授業を開講するということは関西では大変珍しい取り組みであると思っております。

そこで本日は〝神戸女学院大学で始まる「アイヌ語」授業によせて〟ということで、北原先生、瀧口先生に対談いただきます。司会は大澤が務めます。それでは早速ですが、北原先生と瀧口先生は古くからお知り合いだと伺っていますが、まずお二人が知り合いになられたきっかけについて教えてください。

アイヌ語指導者育成講座に参加して

瀧口夕美　北原先生に最初にお会いしたのはアイヌ語を習い始めて4～5年経ったころでした。今はアイヌ文化財団と言いますが、そこで様々なアイヌ文化復興のための取り組みを行っていて、その一環で北海道や東京でアイヌ語の授業をアイヌの人たち向けにするというものがありました。私は東京に住んでいましたので、東京のアイヌ語教室を最初に受講し、その授業がおもしろいと思っていたところ、そこで教えられていた中川裕先生から札幌で指導者育成講座をしているので行ってみないかと言われ、その講座の第7期の授業に参加しました。そこに北原先生がいらしたのです。この授業には、基本的には、アイヌ民族であり、これからアイヌ語をもっと勉強したいと思っている人が参加します。先生たちは6人、生徒は7～8人で3日間の合宿をします。9月から11月の3カ月、ひと月に3日ずつアイヌ語を勉強するという内容で、それを翌年も繰り返す。それが「1期」でした。その講義で、私のアイヌ語の先生は一度に7人に増え、一緒に学ぶ仲間も8人ぐらいに増えました。授業以外でも交流して、いろんなことを話し合い、みんなアイヌなので自分たちが経験してきたことを分かち合うなど、とても貴重な場所でした。

瀧口夕美

北原モコットゥナシ　聞いていてだんだん思い出してきました。そのとき私は北海道にいて、瀧口さんは東京にいましたね。お話にあったアイヌ語指導者育成講座ですが、当時のアイヌ語教室は学習会みたいなものが北海道各地や東京辺りにあって、そこで教えていたのは年配の方が多かったので、次世代にも教えられる人がその教え方の勉強をするとか、アイヌ語そのものも勉強するんだけど、どうやって説明したらいいかとか、飽きないように子どもでも勉強できるような方法はどんなものがあるのかなど、そういうことを学ぶ場でした。

私は第4期ごろから講師になりました。当時はまだ20代でしたが学びに来る方は50代、60代など大先輩ばかりなのですごく恐縮していました。でも世界の危機言語、消滅の危機にあるような言語はどこでもそういう逆転現象が起きています。私の親は昭和21年生まれですけど、その世代の人は全くアイヌ語に触れることができないし、アイヌ同士でもお互いにアイヌだよねって確認するのも憚られるというか、どこからバレるかわからない。むしろ瀧口さんや私の世代になると、学ぶ場が出来て親たちが知らない言葉を覚えている。それを上の世代が吸収していくというようにうまくいく場合もあります。そういう状況で合宿形式での授業をしたのですが、この合宿ってすごく良かったですよね。

北原モコットゥナシ

瀧口　よかったですね。みんなでカラオケの歌をアイヌ語に訳して歌い、踊ったりもしました。いろんな授業がありました。

合宿で揉まれ影響を受けて

大澤　アイヌ語だけで会話することもありましたか。

北原　それもありますけど、1期2年間で毎回メンバーが入れ替えになりますので、いろんな個性の方がいました。それこそ私のモコットゥナシという名前もそこで付きました。それぞれ地元でやっている取り組みを紹介する時間というのがあり、白糠町という阿寒に近い地域の方が、みんなの名前をアイヌ語で付け合っていることを紹介してくれました。それがおもしろいのでみんなでやってみようということになったのですが、希望する人もしない人もいますから、希望する人にはそこで名前を付けてみました。またアイヌ語の名前の付け方の習慣を勉強し、それこそ歌謡曲をアイヌ語に翻訳して、発表会はカラオケボックスに行って歌うなど、やはりそこがいろいろな情報交換の場所になったことがすごく重要なことでした。一つの地域でアイヌ語教室をやっていても、熱心に通う人はせいぜい5人以内ぐらいで、全体で見れば20人ということもあるけど、みんな子育てや仕事でなかなか集まれない。熱心にやっている人が1人、2人いたとしても、アイヌ語で会話してみることはなかなかできない。他でどういうことをやっているのかという情報もなかなか入ってこないので、そういう合宿の場所がじっくりと交流できる貴重な機会になっていました。本当に寝ないで喋っていましたね。

瀧口　だからいろんな地域の人と知り合いになれ、わからなかったこと、どうやってアイヌ語の勉強をしてきたのか、どういうふうにやってきたのか、そういうことをざっくばらんに話せる場所でしたね。

大澤　その合宿は指導者養成を目的にしているので、参加している生徒さんの方はある程度アイヌ語ができる方たちだったのですか。

瀧口　そうだと思います。私の時はすごくハイレベルで、私が一番年上ぐらいでしたが、私以外のメンバーは20代、30代でアイヌ語が難なく話せる人たちがいました。担い手育成というもっと別の専門的なプログラムを受けている若い人たちがいて、今はそういう人たちがウポポイや博物館などで働いていたりするのですけども、そういうガンガン勉強してきている人たちの合宿の中で私は刺激をうけ、影響も受けました。若い子がこんなにアイヌ語をやりたがっている。やる場所がちゃんとあるっていうことですね。そういうことにいろいろ感動して、私はなんていうか、しばらくユーフォリア状態でしたね。私が若い頃と全然違う。北原先生は私より五つ年下ですけど、若い方の世代をグングン引っ張ってきた人というイメージを持っています。

アイヌ語で会話を楽しめる時代に

大澤　今もその合宿は続いているのですか。

北原　継続してやっています。一時期受講者が集まらない時期があったのですけど、今はまた増えてきていて20代の方がよく来ています。

大澤　あるインタビュー記事を拝見したら、みなさんアイヌ語で自己紹介をされていましたが、話せる方がどんどん増えているのでしょうか。

北原　アイヌ語が流暢に話せる方、生まれつきアイヌ語を習得している方は１９００年生まれぐらいの方で、それが最後の世代だと思います。私は幸いにしてそういう１９００年ごろに生まれた方に少し会ったことがあるという世代なのですけど、もっと新しい世代の人は録音資料でしかアイヌ語を聞いたことがなくて、これからどうなるのだろうかと私の先生たちなどは結構心配していました。でも実際には、アイヌ語を生で聞いたことがなくても、習得して使ってみることで、情熱を持っている人がどんどん出てきていて、アイヌ語である程度の会話をして楽しめるという時代が来ています。これはちょっと以前には予想もつかないことでしたね。

大澤　ここまでお二人の出会いのことを伺いました。お仕事をご一緒にされてきたそうですが、どんなお仕事を一緒にされてきたのですか。

アニメーションから物語の世界へ入る

北原　アイヌ民族文化財団という今日の最初にご覧いただいたアニメーション映像を作っている団体があるのですが、そこがいろんな事業をしています。私は大学の職員でその財団の中の人ではありませんが、財団では外部から委員を集めていろんなことを検討することはよくあります。そのアニメーション化もそうです。オルㇱペスウォㇷ゚というシリーズがあります。「お話の箱」という意味ですが、口承文芸にアニメーションをつけてアイヌの物語を聞きながらアニメーションを見ることで、その物語の世界に入りやすくする。日本語訳の字幕以外にも英訳、中国語訳、韓国語訳、ロシア語訳なども作ります。口承文芸を学ぶ上ではアイヌ語を聞いてもわからないばかりでなく、昔の暮らしが語られているので、その語りを聞いているだけでは今どういう場面なのか想像がつきにくいところがあるので、それをアニメーションで少し理解を助けながら物語の世界に入るということを6カ年やりま

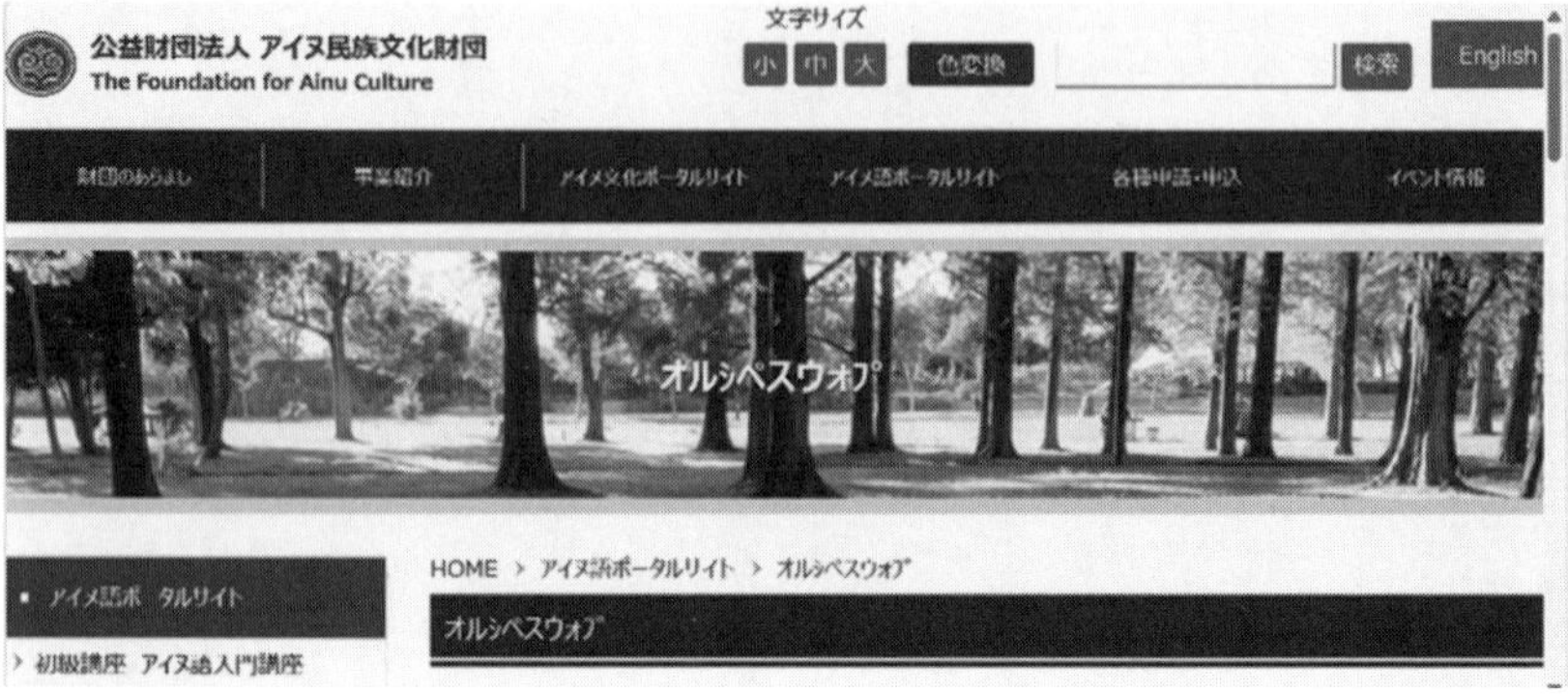

した。そのときは瀧口さんも委員に入ってくださったのです。

瀧口　ちょっとやってみないかと言っていただいて、2回ぐらいですか、オルㇱペスウォㇷ゚というのはたくさんあるのですが、そのうちの二つの作品に参加させていただきました。これはアイヌ民族文化財団のホームページとユーチューブで見られます。https://www.ff-ainu.or.jp/web/learn/language/animation/index.html

アイヌ語字幕版と日本語バージョンと両方入っているのが全部見られます。

大澤　昨年、中川裕先生が講演会のときにそのホームページを紹介してくださいました。アイヌ語に関する情報がたくさんあり、アニメには日本語の字幕もアイヌ語の字幕もあって本当に勉強になると言われていたのですが、それをお二人が作ってらしたのですね。

瀧口　アニメーターの方たちと会議をするのですが、こういう感じで作ってきましたとアニメーションを見せてくれて、それについて、ここは違うから、こう直してくださいと言って、最終的な形にしていきました。私がおもしろかったのは、カムイがシンタ（ゆりかご）に乗ってくるという場面がある

のですが、ブランコみたいにこういうふうに飛んでくるよというアニメーションですけど、シンタは乗り物だから、空をまっすぐ飛んでいくものなのに、アニメーターの方はブランコのイメージで描かれた。だから、グーンと前に飛んできたけど、グーンと戻っていっちゃったんですね（笑）。それで驚きました。物語をアニメーションにする、しかも、文化的背景の違うものを映像化するのは、難しいんですね。

北原　シンタとはゆりかごのことです。天井から吊るしてその中に赤ちゃんを寝かせておくものですけど、物語の中では神様がそれに乗って空を飛ぶことになっていて、空飛ぶ絨毯みたいなものかと思うのですが、でもアニメーターの方は実物を見たことがないので、写真や赤ちゃんを乗せている映像を見てもらいアニメーションを作ってもらったのです。でもそれがブランコのイメージになってしまったのです。

https://www.ff-ainu.or.jp/web/learn/language/animation/details/post_11.html

大澤　話をそらせてしまうようですが、なぜ神様はシンタに乗るのですか。

北原　イメージしやすかったのではないですか。宙に浮いている乗るものということで。だから本当に映像化してみて初めて気づく。理屈の上ではこうなっちゃうよと、物語を聞いてるときはそういうものだと思って聞き流していることを改めて映像化しようと思うと、いろいろ考えなきゃいけないことがあるんですね。

アイヌの物語ですが、日本の落語にも怪談や浄瑠璃などいろんな文化のジャンルがあるように、アイヌの文学にもいろんなジャンルがあって、さらに土地によって言葉が違う。だからその教材を作るという目的もあるので、いろんなジャンルでいろんな地域にバランスよくということを考えて作っていたのですが、瀧口さんとの関りですごく印象的だったのは、瀧口さんが即興歌という歌をアニメにしたいと推してくださったことでした。その歌はちょっとストーリーが入っていて、失恋した女性の心情を歌っているものでした。歌を選んでくるというのは全然私の発想としてなかったことでした。

でも改めてその歌の中を見てみるとおもしろいですよね。その失恋した女性が馬に乗ってトボトボ帰っていくのですね。その自分の気持ちを馬に託して歌い込んでいるという、そういう読みがやはりさすがだなと思いましてね。あれは何の話でしたかね。

瀧口　「口輪を鳴らして―オタコチャンチャンチャン―」ですね。https://www.ff-ainu.or.jp/web/learn/language/animation/details/otako01.html

北原　これはすごくおもしろいものです。絵も合っていましたね。

瀧口　アイヌの若い女性が古い録音を聞いて、歌い直して作ったのですね。その声もアニメによく合っていて。上手にできていますので、ぜひ後で見てみてください。

私にとっては大事な授業になる

大澤　さて本題に入ります。いよいよ4月から神戸女学院大学でアイヌ語の授業が始まりますけれども、まず瀧口先生から今のお気持ち、どのようなことを思っていらっしゃるか、お聞かせください。

瀧口　昨年の6月に1コマだけ授業のためにうかがい、自己紹介的なことをお話させていただきました。その授業の後すぐに、今後アイヌ語の授業をする計画があり、それを担当していただけないかというお話をいただき、それはすごくうれしかったです。

私自身、アイヌ語を勉強するようになったのが大人になってからでした。35歳ごろだったと思います。今ならアイヌ語を勉強し始めても、落ち着いて勉強できるのではないかと思えたから始めました。でも、そうなるまで時間がかかりました。というのも、私は先ほど紹介していただいたように観光地で有名な阿寒湖畔で育ったものですから、観光地という場所の影響をすごく受けていて、自分が見聞きしてきたものが本当のアイヌ文化なのか、または観光向け、外向けの少し派手にデフォルメしてあるものなのかが、ずっとわからないままだったんです。

先ほどの北原先生のお話にも、息子さんが、アイヌのことを友達からいろいろ聞かれるけど、それに対してちゃんと話すのがちょっと面倒くさくなってしまう。そういうお話がありましたけど、私も阿寒湖畔で育っている間はそういうことの連続でした。そこに遊びに来た人が、「あなたはアイヌなのに日本語が上手ね」と話しかけてくる。あるいは「これがアイヌの家なのね」と言っていたりする。私の家は別にアイヌの伝統的な家じゃないのに、やはり珍しいものを見に来た人の反応がそこにあったのです。そういう観光客に向かって、なぜ私が日本語を話せるのか、とか（笑）、いやこれはとくに伝統的なものじゃないと時間をかけて説明する気持ちにだんだんなれなくなっていった。せっかく観光に来たんだから、楽しんでもらって、お土産を買って帰っていただいたらもうそれでいいや、という気持ちですね。でもそれでも、それでいいのだろうかという迷いももたらすわけです。

例えば、北原先生も言われていましたが、アイヌの伝統的な着物の袖や裾、胸元などに入っている刺繍は「魔除け」だというような説明がされてて、それが本当かどうかわからないのですが、観光地では「これ、魔除けですよね」と聞かれると、「そうです！」と言っちゃうわけです。それが私の中にも引っかかりを残していました。だからちょっと距離を置かないと、急にアイヌ語を習ってもパニックになっちゃうのではないかと思って、すごく警戒していたところがあったのです。でも30歳ごろにSUREという出版社を始め、いろんな人に話を聞き、それをまとめて本にするという仕事をして5年ほど経ったころ、「今なら落ち着いてできるかな」と思って中川先生の所に行きました。外国語の勉強も好きだったですし。ですから、どうなるかなと思ったのですが、アイヌ語の授業を受け始めたらすごく楽しかったのです。やはり言葉の一つひとつに意味があって、その繋がりで背景ができており、その中にはいろんなまやかしや嘘、つくりごとの入りようがないなと思いました。だから阿寒湖畔で私が見聞きして育ったことを、アイヌ語を通して追体験できるかなとも思っています。そういうこともあって、私にとってアイヌ語はすごく大切なものなのです。自分が育つなかで見てきたものは、どういうものだったのか、それを確かめたい。そのための手段という感じがしていて、だからこそアイヌ語というものをみなさんにお伝えできる、教えることができるというのは、私にとって本当に大事な機会です。だからよかったなと思っています。よろしくお願いします。

大澤　先生は昨年の授業の中で、観光地で暮らしていた時に感じられた葛藤についてお話しくださいました。アイヌ語を学ばれた時に、そこに「本当のもの」があると感じられたというお話が印象的でした。ところで、今日の北原先生のお話の中でも「本物」という言葉が出てきました。「本物」というものが現代のアイヌの方々に求められることへのプレッシャーについてお話しくださいました。言葉が重なるようで、それぞれが意味している内容をどう考えたらよいのか、伝統的なアイヌ文化について考える時、今を生きる一人ひとりにとって考え方や捉え方が違うこともあるのではと思うのですが、そのあたりについてはいかがでしょうか。

本物に対するプレッシャー

北原　本物とはちょっと扱いの難しい言葉です。やはり瀧口さんがおっしゃること私もよくわかります。アイヌなのと聞かれるとき、その問いにはいろんな期待が入っていて、アイヌ語は喋れるのでしょう、風習を守っているのでしょう、とかいろんな期待が入っています。そうじゃないよと言うと、あじゃあアイヌじゃないんだね、違うんだってことになり、あっという間に興味を失ってしまう。こちらはそんなに簡単にアイヌならアイヌらしく暮らしている、そうでなければ日本になったみたいな単純な物言いはできないのに、相手は一瞬で離れて行ってしまう。だから、なるべく手短にきちんと伝えないとと思うプレッシャーは大変なことで、やめてよ、ちょっと落ち着いて聞いて、ちゃんと話をさせてという気持ちになりますね。私もいぜん白老のポロトコタンで学芸員として働いていて、それほど直接観光客には接しない部署でしたけど、時々ヘルプで呼ばれたりしていました。

今日は踊り手が足りない、厄介な質問が来たとか、いろいろなことで呼ばれます。行って見ると、とにかく質問攻めでした。それこそ「文様は魔除けなんですよね」とか「大人だから髭を伸ばしても良いんですね」といったような、知りたくて問うというより向こうが持っている前提、思い込みを確認するような質問が多いのです。こちらは「うん」と返事するだけの、向こうで答えを決めている質問や、もう理由がない、答えようがないようなことをあれこれ聞いてくる。日本文化だったら何とも思わないようなことを、それが他者の文化になると急にすべてのことに何らかの意味付けがないと落ち着かないのです。これは何だ、これは何だといろいろ質問攻めされると、もう職員も面倒になって「五穀豊穣のためですね」とか「文様は家紋です」などと言うようになっちゃう。すると「へぇー！」っ

2024年2月23日、神戸女学院大学文学館L28教室で

てすごく喜んでくれるので、もうその方が、話が早いし喜んでくれるので、それでいいかと、職員も受け流すことに慣れてしまいます。それは多少しょうがないことだなと思います。

文化ってどんどん変化していくものです。私も最近お墓の勉強などをしていて、心の勉強もおもしろいなと思ったんですけど、例えば社会に出るようになると、知り合いのお葬式やお通夜に出ることがあって行かなきゃいけない。そういうときに全身を黒で揃えないといけないのですが、ネクタイや靴や、どこか黒で揃えられないことがあります。靴下もハンカチも黒くなきゃいけないと言われるのですけど、でも実はそういう黒ずくめにするようになったのは戦後のことです。知ったときはびっくりしました。あれはアメリカのお葬式のスタイルを真似したわけです。それから仏壇や位牌など、そこに亡くなった人がいるのが当たり前だって気がするのですが、よく考えると仏教というのは元々、死んだ後のことは全然お構いしない宗教なのですね。

だからそれが日本に伝わってくる過程で、儒教など他の宗教と混ざり合って、亡くなった人を祭ることが当たり前になってきたのですが、そう考えてみると日本の文化もどんどん変化していき、どれを本物の日本文化と捉えればいいのか、答えようがないわけです。10世紀の日本文化、15世紀の日本文化ということは言えるけど、アイヌ文化も同じで8世紀のアイヌ文化、20世紀のアイヌ文化、それぞれ本物であって、どれが本当はいえない。ただ、観光客とのやり取りでは、なかなかこういうことが説明できるような時間はない。そこまで時間をかけて聞いてくれないので、いかに何か手短にうまく伝えられるか、プレッシャーがかかりますね。

瀧口　観光客の方たちは、かなりイメージを持って観光地に来られます。こうなのですよね、珍しいですよねって。だからせっかく来たから珍しいものを見たいというのは、それは私だってそうなのですけど、そういう感じでまず期待に応えたいという気持ちでいっぱいで、喜ばせてあげたい。でもそれでいいのかなっていうことはずっと思いますね。

大澤　今のお話を伺って、どういうことが本物なのかは、そんなに簡単に一言で答えが出るようなものではないということですよね。瀧口先生がアイヌ語に出会われて本物ということを感じられたのは、やはりアイヌ語を学ぶということの中で、アイヌ語というものの中に含まれているこれまでの歴史の時間そのものを感じられたということなのだと思いました。

祈りの言葉に対する敬意

瀧口　アイヌ語を勉強することによって何を感じることができたかというと、それは敬意です。いろんな人がアイヌ語で今まで話している、話して残してくれたもの見たり聞いたりすると、自分が勉強していることがちゃんと語られている、ちゃんとした形で言葉として語られている。文法というのは言葉があってその法則を抜き出すのですから、ちゃんとしているというのはいわば当たり前ですが、言葉を背景ごと伝えてきた、その重みがすごくわかりました。だから、子どものときにぼーっと見ていた近所のおじいさん、おばあさんたちの祈りの言葉、歌の言葉は、今聞くとやはり私にとっての重みが全然違うのです。こういうふうに息継ぎして、こんなふうに気持ちを込めて言っているんだ、とわかるようになる。言葉の全体が生きて結びつき、文化のなかに息づいているわけです。

「本物、本物」って言っていますけど、だからといって阿寒湖のような観光地が偽物かというと、そうは思っていません。いまを生きるアイヌの一つの姿だからです。私たちは、すべてのものをわかりやすく、単純なイメージにまとめて伝えたり受け取ったりすることに、慣れすぎてしまった。それは昔からのテレビの影響もあるし、いまではＳＮＳなどの影響もあるでしょう。でも、一つの家族をとってもなかは複雑なんです。民族全体といったらそれこそ多様なんですよね。次年度のフィールドワークの授業で阿寒湖畔を訪れることが決まっています。北海道各地には、アイヌのコタン（村、集落）がいくつもあったわけですが、その土地土地でいろんな特徴があります。だから、いろんなタイプのコタンを見てもらいたいと思います。だから阿寒湖のアイヌコタンも、現代を生きるアイヌの一つの新しい生活スタイルとして、学生のみなさんに紹介したいと思っています。

大澤　楽しみにしています。学生のみなさんも一緒に行きましょう。今まで先生は主にアイヌの方たちを対象に授業をされてきましたが、これから多くがアイヌではない学生を対象に教えることになり、それは新しい挑戦だと伺いました。北原先生は普段からアイヌではない学生がたくさんいる大学でアイヌ語の授業をされていますが、そこで感じてらっしゃることはありますか。

アイヌ語を学べる大学の意味

北原　先ほどの話の繰り返しになりますが、言葉を学ぶことは学ぶ人の立場によって意味が変わるということは伝えています。自分がアイヌではない人は、いろいろある人間の言語の多様性の一つとして言葉を学ぶという意味があるし、それから日本生まれの人は同じ国の中で使われてきた言葉の多様性を知るという、そういう意味合いもあります。中には自分もアイヌですという学生も1学年に何人かはいます。残念なことですが、小中高の正規のカリキュラムでは、アイヌ語に触れることが全然できない。だから高等教育機関に来て初めてアイヌ語の授業を受けることができる。しかもそれが関西圏ではここだけです。ものすごく限られています。北海道の大学でも2、3しかないです。アイヌ語を学べる大学とはそういう意味合いがあることを知ってほしいですね。非アイヌの学生にも「この教室に来て初めて自分の言語に触れる人がいる、同じ国・地域・教室にそういう立場の人もいるのだ」ということを伝えています。

北海道大学の学生は約7割が北海道外から入学してきます。例えば今、アイヌ語を話せないのは、言語権が保障されていないからと説明することもできます。日本語が日本社会の中で使えている、病院でもコンビニでも宿屋にいってもどこでも日本語が通じるのは、それは日本社会が日本語をメインの言葉として使うように社会を整備してきたからです。明治までは沖縄と北海道では日本語は通じなかった。それが今はどこでも通じる。これは日本語を使う権利が保障されているからだと捉えてみましょうと説明しています。反対に、アイヌ語が使えないのは「病院の／役所の／学校の／コンビニの人はアイヌ語ができなくていい」ということが社会の常識になっているからです。ですから私が具合を悪くし病院に行って、お医者さんにアイヌ語で訴えても、下手したら対処してもらえないまま死んでしまいます。だからそれは言葉を使う権利を奪われていることだと話します。すると、学生から「私は博多だけど、私は群馬だけど、私は青森だけどと、うちの言葉だってそうですよ」という声が多くあがります。いわゆる方言ですが、日本の各地域の言葉も非常に低い地位にあるし、それを使う環境は損なわれています。だから、どんどん自分たちは祖父母の話す言葉がわからなくなっていると、そういう反応が返ってきます。

それは本当にその通りです。だから、コロナ禍の時に私の授業の質問・感想を自分の地域の言葉で書いてみるように提案してみたのです。すると意外とこれが盛り上がって、喜んで群馬弁や茨城弁などを駆使していました。そういうふうにして日本語の多様性を学生同士が知ることになります。もう一つ重要な気づきは、書けないという学生が多いことです。自分は東京なので方言がなくて残念だという学生もいるので、実はそれが東京の方言で、今それは標準語と言われているけど、あくまでも日本語の中の多様性の一つなのだと説明します。

それから、自分の地域語を知らないから書けないという場合と、話せるし聞いてもわかるけど、大学の提出物にこの言葉を使っちゃいけないと思ってしまって書けないという学生も多くいます。あとは表記法がないということもあります。あいうえおかきくけこでは書けないとか、書くことはできてもイントネーションなどを除くと、東京弁と変わらなくなってしまうとか。本当にいろんなレベルで書けないという学生がいて、その中で方言を使っちゃいけないって思い込んでいる学生がいる。これがスティグマというもので、自分の地域の言葉は汚い言葉、正式なフォーマルな場面で使っていい言葉じゃないと思って育ってきた。そこに思い至ったとき、それのもっと強烈なのがアイヌ語の状況だということを説明するとすごくわかってもらえるのです。

言葉が承認されることのうれしさ

大澤　私は愛媛の出身で愛媛弁がありますが、大学生になり東京に行くとやはり出せなかったですね。出せなかったというか、むしろガラッと切り替えて標準語にしちゃった方が、コミュニケーションが楽だということで切り替えたということがありました。でも関西の方はすごく自信を持ってどこでも関西弁を話されるイメージがあり、羨ましいです（笑）。私は普段、じゃあ愛媛弁話してみてと言われても、どう話していいかわからないのです。でも地元に帰って友達と話すと愛媛弁が出てきて、自分の中にもまだ故郷の言葉が眠っていたんだと、自分でもびっくりしたことがあります。やはり話す相手がいてこそというのがありますね。

北原　私は地元が樺太なのでアイヌ語の中の樺太方言を勉強してきました。北海道の多くの地域では、イランカラプテと挨拶をしますが、樺太ではイランカラㇵテと言い、ちょっと発音が違います。先ほどアイヌ文化担い手育成研修のことが出ましたが、そこにはいろんな地域の人が来ます。だからそれぞれの方言で説明をして自分の地域の言葉はこうだということを勉強してもらうのですが、例えば挨拶の言葉でも、イランカラプテ以外にもイシオロレとか、イカタイと言う地域があるので、それを順番に学び、互いに自分の地域の言葉を使うことで、他の地方の言葉もわかるようになることを目指します。ある言い回しを覚えるために、受講生が自分の地域の言葉を順に発音する場面がありました。そのとき、受講生が「じゃあ次、樺太どうぞ」って言ってくれたのです。実はそれまで私は、そういう場で樺太方言のことを話すのをずっと諦めていました。樺太出身者は多くない、アイヌ語を学んでいる中では今まで一度も会ったことがないので、自分では樺太方言を勉強するけど、他のアイヌ語を勉強している仲間と一緒に樺太方言を使うことはできないだろうと思っていたのです。そうしたら「じゃあ次、樺太」って言われて、そのことが自分でも驚くほど、すごくうれしかったのです。

こんな感覚が自分の中にあったことにびっくりしました。自分の言葉が承認されるうれしさ。ここではこれを使っていいのだというられしさですね。

瀧口　私も樺太アイヌはアイヌじゃないと思っていました(笑)。地域が違い着物の文様なんかも違っていましたから。言葉は全然知らなかったけれども、でも聞くと結構似ていますよね。

北原　そこは大阪と広島のお好み焼きの違いみたいなものでしょうか。どちらも自分の所のお好み焼きが標準だと思っているので。でも実際には、アイヌの中でもマイノリティになる地域の人は、自分は端っこにいる人間なのだというような感覚を持っています。それを、どこかで克服していかないといけないのでしょう。

大澤　先日事務室の職員さんとお話ししていたら、西宮のご出身の方ですが「しとうの文化」だと言われました。初めはよくわからなかったのですが、「～している」の神戸弁なのですね。その話がちょっと盛り上がって、四国では「しとる」とか、「しとん」とかになります。北原先生の講演の中にもありましたが、文化とは繋がっている部分も重なっている部分もたくさんあり、その境目は結構重なっているということですね。

北原　北海道と樺太で言うと生物の分布がちょっと違っています。例えば北海道にもタヌキの話がありますます。タヌキとキツネが出てきて、どっちも熊のお手伝いさんをしています。タヌキは熊の飯炊きなので、火吹き竹でかまどの飯を炊く。だからタヌキの顔は黒いというように、なにか日本の文化とちょっと似ていますが、タヌキ派とキツネ派があって、ところが樺太に行くとタヌキはいません。だからタヌキの役割を犬が担っていて、熊送りの時はタヌキの代わりに犬を一緒に送るという、そういう違いがあります。

多様性ということの意味

瀧口　私は北原先生がやられていることでおもしろいなと思うのは、例えばアイヌの歴史や伝統的なものを紹介するときに、同時代の和人の文化や他の国の文化も一緒に説明されていることですね。それは、アイヌだけを強調しすぎてしまうことに対する配慮があるからだと思います。横並びでいろいろな民族のことを取り上げる、また今日のお話でいうなら、女性のこと、障がい者のことなど、マイノリティ性を持つ人たちのことを横並びで語っていくところが、まさに今の時代だなという感じがします。お話をうかがっていても情報量がすごく多い。私は横文字が入ってくると頭が止まってしまうときもあるのですが、今は多面的にとか、多様性をなんて言いながらつまりそれはアイヌのことだということになり、アイヌを理解しようということになってしまうことになります。でもいろんな人がいてその中でアイヌのことを語られているところが、すごくおもしろい。現在の問題がそこに横並びに出てくる感じがするのです。そういう切り取り方がいいと思います。
　そうしなければ、多様ということの意味がわからないと思います。ですから大澤先生が方言の多様性ということをご自身に引きつけて言われましたが、それは北原先生のお話にそういう効果があるからだということですね。
大澤　先ほどの、一つの答えを求めてしまうというのは、相手に対して何らかの一つの答えを求め、それを聞いて手っ取り早く安心しようとする、そういうやり方はアイヌのことだけではなくて、普段の人と人との関係にもあるように思います。きっとそれが何かいろんなモヤモヤとも繋がっているのだろうなと考えながら話を聞いていました。
北原　私がいろいろ考えさせられたものの一つに、タレントのウエンツ瑛士さんのコメントがあります。彼はヨーロッパにもルーツがある人ですが、でも自分は日本人だ、納豆が大好きなんだと言っています。でもそういうウエンツさん自身の思いや振舞に、周囲の友達が納得してくれなくて、パスタなどを食べると「やっと（似合うものを）食べた」って言われるのだそうです。だから周りが期待するヨーロッパ系の人らしい振る舞いをすると変に喜ばれてしまうって、笑いながらもぼやきみたいに思いを語ったことがあったのです。私も「それだよな」と思いました。白老で働いていたある日のことですが、ここにはほかにもアイヌが働いているのですが、髭を伸ばしていない人が多かった。それは子どもがいじめられたら困るとか、いろんなことを考えないといけないのでみんなたまに伸ばしてみることがあっても剃っているのです。でも私だけ伸ばしていた。そこに、あるお客さんが本物のアイヌを出せとかなんとか言ったらしいんですね。私に「ちょっと来てください」って内線かかってきたので出ていくと「ああやっと（本物のアイヌが）いた」って言われたことがありました。

そういう型にはめるプレッシャーは、当人の意識にも影響します。女子力という言葉などもそうですが、いろんなところで何か「こうしなきゃいけない」と感じさせられたりすることがたくさんあります。最近は「もう令和ですから」と言って、そういうことをうまく茶化しながらキャンセルしていくことがある程度浸透してきたと思うし、その言葉がもっと進んでいけばいいかなと思っています。

大澤　言葉というものの性質自体に、「Z世代」や「令和」などの何らかのイメージと共にそれを名付けていくということがあるように思います。その言葉を使う方向性によって、同じ言葉でもステレオタイプ化する力を持ったり、また逆にそのステレオタイプ化に抗うように使っていくこともできる、そう考えると、言葉っておもしろいですね。

男性の大変さと言われるとき…

北原　よく女性も男性も関係ないと男性が言うときは、男性の優位性をぼかす場面であったりします。女性に合うような働き方ができるように職場を変えてくれと言ったときに、同じじゃないか、何が違うのですかと言われると、平等を推奨しているようでいて、かえって本当に求めている平等が達成されなくなる、消されてしまうというようなところがあります。逆に女なのだからこうしなさいと言われると、それはそれで困るというところがあります。アイヌの場合もそうで、同じ人間なのだから同じでいいよね、同じ教育でいいよねと言われると、隠れた不平等が見えにくくなる。例えば国語の授業を20年、30年受けてもアイヌ語が話せるようにはならないので、やはりアイヌ語には個別の教育が必要である、というようにマジョリティとは別のニーズがある。でも全く別物なのだと言われてしまっても困る。その辺の本当にバランス取りが難しいなと思います。

大澤　今の女性の話で思ったのが、女性のことを言ったときに「男性も大変なんだよ」ということを時々聞きます。アイヌのことを言ったときに、物価が上がっていて自分たちの生活も大変なんだという感想なども出てくると、何かそういうのがごちゃ混ぜになってしまう。

瀧口　それは、受け止めないための一つの形ですね。

北原　例えば男の大変さと言われるものは、よく考えてみると女性も経験しているものでもあり、だから女性には男の大変さともう一つ、女性に特有の大変さが重なっています。それなのに、なぜか男性だけが背負っている苦労というような形で混ぜ返されてしまうことありますね。こういうとき、マイノリティだけが優遇されてマジョリティに対する逆差別だということが言われますが、よくよく考えてみればお互いに言っていることは、矛盾しないはずです。最近も耳にした出来事で言うと、女性専用車両への批判があります。私は札幌にいるとあまり地下鉄に乗らないので実際に乗ることはあまりなかったのですが、尼崎に行くときに体験しました。電車に乗ると馬鹿に空いていて、よかったなあと座ったらそれが女性専用車両でした。すると女性がさっとやってきて、お兄ちゃんここね女性専用なのって言われ、ごめんなさいって恥ずかしくなって隣に移ったことがありました。でもそれにものすごく反発する人がいます。あんなものは逆差別じゃないか、何で我々を乗せないのだと言ってものすごく怒る人がいる。学生にも実は結構います。けれども、そういう人に限って「痴漢の被害など実体がない、あれは全部冤罪だ」と言ったりします。もしそうなら、男女の車両が分かれていれば冤罪の起こりようがないんだから、お互いハッピーじゃないかと思うんだけど、それをけしからんって人の理屈はよくわかりません。

逆差別っていうことをあまりリアルに考えてないところがあって、じっくりと落ち着いて話していけばわかり合えるのでしょうけど、なんかおもしろくないから言ってやりたい、とにかく勢いで押し切りたいというような話し方で会話が成り立たないというのが厄介ですね。

大澤　そうですね…。今日は、アイヌ民族の歴史、若い世代のアイヌ語を学ぶ活動などについて知ることができ、そして無知や無関心から生じる偏見や差別が、アイヌのことだけでなく、私たちの身近な様々な事柄と繋がっていることを知ることができました。まだまだお話を伺いたいですが、時間となってしまいましたので、今日の対談は以上とさせていただきたいと思います。ありがとうございました。

※128頁、129頁、131頁の図は公益財団法人アイヌ民族文化財団ホームページから引用

【第3部は奥付側からお読みください】

日本機関紙出版の好評書

先住民族アイヌを学ぶ
藤戸ひろ子さんに聞いてみた

アイヌとは？ アイヌ民族の一人、藤戸ひろ子さんの語りを通して学ぶ。互い違いの歴史 / 信仰と唄と踊りと紋様 / 手仕事と食文化と交易 / 私自身のアイヌ――神戸女学院大学の授業をオールカラーで紙上再現、人や社会の多様性をありのままに知る。

【共　著】
藤戸ひろ子、石川康宏
建石始、大澤香
A5判 ソフトカバー 150頁 定価1650円

先住民族アイヌを学ぶⅡ
北海道に行ってみた

神戸女学院大学の学生たちがアイヌを学びに北海道へ。萱野茂二風谷アイヌ博物館、平取町立二風谷アイヌ文化博物館、国立アイヌ民族博物館・ウポポイ、知里幸恵銀のしずく記念館とアイヌの口承文芸、歴史と文化、遺骨問題、そしてアイヌ語などに触れてきた。
巻頭カラーグラビア付き。

【共　編】
石川康宏、建石始、大澤香
〈中川裕講演録〉
A5判 ソフトカバー 206頁 定価1650円

【著者】
大澤　香（おおざわ かおり）
神戸女学院大学准教授。愛媛県今治市出身。著書に『イエスから初期キリスト教へ－新約聖書とその展開』（共著、リトン）、『エコロジカル聖書解釈の手引き』（共著、キリスト新聞社）等。

瀧口夕美（たきぐち ゆみ）
編集グループSURE代表。神戸女学院大学非常勤講師。北海道の阿寒湖畔アイヌコタン出身。著書に『民族衣装を着なかったアイヌ』、『子どもとまなぶアイヌ語』（ともに編集グループSURE）等。

石川康宏（いしかわやすひろ）
神戸女学院大学名誉教授。北海道札幌市出身。著書にシリーズ『若者よ、マルクスを読もうⅠ～Ⅳ』（共著、かもがわ出版）、『いまこそ、野党連合政権を！』（共著、日本機関紙出版センター）等。

装丁・装画　小笠原小夜

アイヌ語をはなしてみよう！
先住民族アイヌを学ぶⅢ

2024年12月10日　初版第1刷発行

著者　大澤香　瀧口夕美　石川康宏
発行者　坂手崇保
発行所　株式会社日本機関紙出版センター
〒553-0006　大阪市福島区吉野3-2-35
TEL 06-6465-1254　FAX 06-6465-1255
http://kikanshi-book.com/　hon@nike.eonet.ne.jp
本文組版　Third
編集　丸尾忠義
印刷・製本　シナノパブリッシングプレス
ISBN978-4-88900-334-5

第 3 部

アイヌ語入門

（第3部は文字表記の編集上、横組みにしています）

アイヌ語を話してみよう

本書第3部は、神戸女学院大学で2024年度、「特別講義 -Special Lecture-」という科目ではじまったアイヌ語の授業のテキストです。アイヌ語十勝方言の初歩的な文法を学習するためにつくりました。

近年、人気マンガのヒットや、アイヌをテーマにした映画の相次ぐ公開、アイヌ関連の書籍の刊行など、アイヌ語やアイヌ文化への関心が高まってきています。

授業では、簡単な文法を学んだあと、さまざまな動画や音声資料をつかってアイヌ文化に触れました。言葉は、文化の背骨をなす体系ですから、言葉のつらなりから文化に触れることによって、より深くアイヌ文化をとらえることができるのではないかと私は考えています。アイヌ語は同じ日本という国にありながら、日本語とはまったく違う言葉です。日本語との違いに触れて、あらたな角度からこの日本という国をとらえなおしてみてください。ところどころに、授業を受けた学生たちからのコメントをコラムとして紹介しています。神戸女学院ではじまったアイヌ語の授業を追体験してもらえたらうれしいです。（瀧口）

アイヌ語十勝方言、発音、表記など

アイヌ語には大きくわけて４つの方言があり、細かく分ければもっと多くの方言があります。本書では基本的に十勝方言をベースにしています。授業ではよりアイヌ語の発音に近いローマ字表記で読み、書く練習をしました。英語などのスペルとはまたちがったアイヌ語独自の「アコㇿイタㇰ方式」での記述ですので、なれないうちは英語と混同してしまうという意見もありましたが、徐々に慣れていきましょう。

発音についてはテキストの最初に練習しますが、発音にはアクセントの位置が大切になりますので、アクセント記号を付けました。一つの単語を読むときのアクセントの位置と、文章になったときのアクセントの位置

が変わることが多いので、アクセント記号に注意しながら読んでみてください。アイヌ語特有の発音については、ウェブサイト（URL https://www.hokkaido-np.co.jp/movies/list/ainugo/）で動画を見ることができますので、そちらで確認してみてください。

さらに音声や動画でアイヌ語・アイヌ文化に触れたいときは…

アイヌ語の発音や歌、物語などについて、音声や動画で視聴してみたいときは、公益財団法人アイヌ民族文化財団のホームページにある「アイヌ語ポータルサイト」（https://www.ff-ainu.or.jp/web/potal_site/index.html）に、たくさんの音声や動画がアップロードされていますので、そちらをご覧ください。

はじめに　よく使う言葉

ふだんの暮らしでよく使う言葉をまとめました。

e ／エー	はい
somó ／ソモ	いいえ
ho! ／ホ！	（名前を呼ばれて）はい！
iyáyraykere ／イヤイライケレ	ありがとう
uwá! ／ウワ！	忘れた！
kanna suy ye yan. ／カンナ　スイ　イェ　ヤン	もう一度言ってください
pírka ya? ／ピㇼカヤ	いいですか？
pírka!, pírka wa. ／ピㇼカ、ピㇼカワ	いいね！　いいですよ
sónno pírka! ／ソンノ　ピリカ	とてもよい！
iyáykatanuka! ／イヤイカタヌカ	すばらしい！
ayápo! ／アヤポ	ありゃー！
is ／イーシ	おやおや
eták! ／エタㇰ	せーの！
nu yan ／ヌ　ヤン	聞いてください
nukar yan ／ヌカㇻ　ヤン	見てください

1. アイヌ語の発音と表記

●アイヌ語の母音は日本語とおなじ　a　i　u　e　o
u は、日本語の「ウ」よりも少し唇を丸めてつきだすように発音します。

●母音で終わる単語は、日本語と同じように発音します。
sitá シタ（イヌ）／ isópo イソポ（ウサギ）／ nekó ネコ（ネコ）　※アイヌ語もネコ

●子音で終わる単語もあります。
sap サㇷ゚（下りる）、sat サッ（乾く）、sak サㇰ（夏）
sap は「さっぱり」の「さっ」､sat は「あさって」の「さっ」sak は「サッカー」の「さっ」、というふうに発音してみてください。
cirónnop チロンノㇷ゚（きつね）……最後の p のとき、口を閉じる。
oóat オオアッ（かえる）……………最後の t は、オオアットと言うつもりで、最後のトを言わない。
yuk ユㇰ（シカ）…………………………最後のㇰは、ユックリと言うつもりで、最後のクリを言わない。
mos モㇱ（はえ）…………………………最後の s は、「シーッ（静かに）」と言うときのシ。
tómtomkikir トㇺトㇺキキㇼ（ほたる）
……………………………………m は、唇をとじる。最後の r は、弱く発音。
páskur パㇱクㇽ（カラス）……………s と、最後の r は弱く発音。
epér エペㇾ（こぐま）…………………最後の r は弱く発音。
＊単語の終わりに来る -r は、すぐ前の母音の影響を受ける（弱く発音）

●日本語のツにあたる発音はない。tu となる。

●yeは、イエではなく、イェと発音する。

●we　woも、ウエ、ウオとならないよう発音する。

●パ行（パpa／ピpi／プpu／ペpe／ポpo）と、バ行（バba／ビbi／ブbu／ベbe／ボbo）の間には区別がないので、パがバと発音されることもある。タ行とダ行、カ行とガ行も同じ。

●アイヌ語のローマ字表記で、日本語では使われていないもの
ca＝チャ　ci＝チ　cu＝チュ　ce＝チェ　co＝チョ
ca摘む、ci私たち、cup太陽•月、cuk秋、cep魚、cokcokちゅっちゅっ
「s」 si　×shi
sipéシペ（鮭） síyukシユㇰ（熊） siシ（うんこ）

●アクセントについて
第一音節が閉音節（子音で終わる）なら、第一音節が高い
例：kéwtum気持ち、心　　súrkuトリカブト
第一音節が開音節（母音で終わる）なら、第一音節は低く、第二音節が高い
例：kamúy（カムイ）
　　cimácep焼き魚→ ci= ma cep（私たちが　焼く　魚）

コラム1　受講したいと思った理由や、知りたいこと

同じ日本でも独自の言語で話しているということに興味があり受講しました。初めてアイヌ語を聞いて、日本語とまったく違うということに驚きました。（2回生）

アイヌのごはん食べてみたいです！
アイヌ語で自己紹介できるようになりたい！！（2回生）

日本の加害の歴史や先住民族について知りたいので受講しました。(2回生)
アイヌ民族のことを知ることができる授業があると、1回生のころから知っていたので、楽しみにしてました。これからどんなことが学べるか、楽しみです。(2回生)
最近「ゴールデンカムイ」を観に行き、アイヌ文化に非常に興味がわきました。アイヌの生活や風習を映画や漫画でみて、同じ日本に生活している方たちが、私たちと全く、言語も習慣も違う人生を送られているのが、不思議で仕方ありませんでした。雪が降ることさえほとんどないこの地域で生まれ育った私ですが、この授業を機にアイヌに染まりたいと思います！！(3回生)

2. 基本的な文のかたち
自動詞をつかった平叙文、疑問文、否定文

アイヌ語には自動詞と他動詞があります。自動詞をつかった平叙文、疑問文、否定文は以下のようになります。

① 名詞＋動詞　〜は（〜が）…する。

siús cis.　シウㇱ　チㇱ（赤ちゃんが泣く）
ékasi ápkas.　エカシ　アㇷ゚カㇱ（おじいさんが歩く）
taán oháw onúpuy.　タアン　オハウ　オヌプイ（このスープはしょっぱい）

② 名詞＋動詞＋ ya?　〜は（〜が）…するか？（疑問）

síus cis ya?　シウㇱ　チㇱ　ヤ？（赤ちゃんが泣いているか？）
ékasi ápkas ya?　エカㇱ　アㇷ゚カㇱ　ヤ？（おじいさんは歩く？）
taán oháw onúpuy ya?　タアン　オハウ　オヌプイ　ヤ？
（このスープはしょっぱいか？）

③名詞＋ somo ＋動詞　～は（～が）…しない（否定）← somo の位置に注意

siús somó cis.　シウㇱ　ソモ　チㇱ（赤ちゃんは泣かない）

ékasi somó ápkas.　カシ　ソモ　アㇷ゚カㇱ（おじいさんは歩かない）

taán oháw somó onúpuy.　タアン　オハウ　ソモ　オヌプイ
（このスープはしょっぱくない）

＊名詞＋動詞＋ kay somo ki　～は（～が）…しない（否定）

siús cis kay somó ki.　シウㇱ　チㇱ　カイ　ソモ　キ
（赤ちゃんは泣かない）

ékasi ápkas kay somó ki.　エカシ　アㇷ゚カㇱ　カイ　ソモキ
（おじいさんは歩かない）

taán oháw onúpuy kay somo ki.
タアン　オハウ　オヌプイ　カイ　ソモ　キ
（このスープはしょっぱくない）

taan	タアン	この
ohaw	オハウ	汁もの、スープ
ya?	ヤ？	～するか？
somo	ソモ	～しない、いいえ
ki	キ	～する
kay	カイ	～も
kay somo ki	カイ　ソモキ	したりしない。

3.　基本的な文のかたち　これは何ですか

taánpe nep he?　タアンペ　ネㇷ゚　へ？　これはなんですか？

taánpe ______ne.　タアンペ　______　ネ　これは～です

taánpe ______kay somo ne.　タアンペ　______　カイ　ソモ　ネ
これは～ではありません。

＊ 名詞＋ he?　～か？　名詞＋末尾を上げる発音　～か（疑問）
cikap he?　チカㇷ゚　ヘ？（鳥か？）　surku?　スㇽク？（毒？）

A：taánpe nep he?　pukusa he?　タアンペ　ネㇷ゚　ヘ?　プクサ　ヘ?
（これはなんですか？　ギョウジャニンニク？）
B：e, taánpe pukúsa ne.　エ、タアンペ　プクサネ
（はい、これはギョウジャニンニクです。）
A：taánpe kay pukúsa he?　タアンペ　カイ　プクサ　ヘ？
（これもギョウジャニンニクですか？）
B：somo, taánpe pukúsa kay somo ne. taanpe cirónnopkina ne.
ソモ、タアンペ　プクサ　カイ　ソモネ. タアンペ　チロンノㇷ゚キナ　ネ
（いいえ、これはギョウジャニンニクではありません。これはスズランです）
A：pukúsa kéraan ya?　プクサ　ケラアン　ヤ？
（ギョウジャニンニクはおいしいですか？）
B：e, pukúsa anák pírka oháwkop ne. pukusa sónno kéraan.
エ、プクサ　アナㇰ　ピㇼカ　オハウコㇷ゚　ネ。プクサ　ソンノ　ケラアン
（プクサはよい汁の具です。とてもおいしいですよ。）

taanpe	タアンペ	これ （toonpe トオンペ　あれ）
ne	ネ	～です。～である
pukusa	プクサ	ギョウジャニンニク
surku	スㇽク	トリカブト／毒
anak	アナㇰ	～は
p ／ pe	ㇷ゚／ペ	もの
korkoni	コㇿコニ	フキ
nep	ネㇷ゚	何
he?	ヘ？	～か？

pukusakina	プクサキナ	ニリンソウ
ohawkop	オハウコㇷ゚	汁の実
kay somo ne	カイ　ソモ　ネ	～ではない。
sorma	ソㇿマ	コゴミ
cironnopkina	チロンノㇷ゚キナ	スズラン

コラム2　アイヌ語に触れて

聞いたことがない言葉ばかりで難しかったです。同じ日本なので少しは日本語に似ているかなとは思っていたのですが、あまり似ている単語がなく、おどろきました。（2回生）

英語を学んできていままで発音がかわいいなど思ったことはありませんでしたが、アイヌ語は「pirka」など発音がかわいいと思うものが多くとても惹かれました。（3回生）

思った以上にアイヌ語が難しくて、発音が特に苦戦しました。ですが友達とジェスチャーをつけながら発音すると、楽しくて積極的に挑戦できたと思います。先生はアイヌ語の会話聞き取れるのですか？（3回生）

アイヌの言葉や表現は、単なるあいさつや会話だけでなく、人間関係に対する尊重や感謝を表現する大切な手段だと感じました。（3回生）

別れの挨拶の返事が、相手を思いやるような表現が多くて、すてきだと思いました。コンルカタ（サマイクㇽのイム）は、テンポやリズムが心地よくて聞きやすかったです。（2回生）

4.　命令文と禁止の文

● 動詞をそのままいえば命令の意味になります。

「～するな」というときには、この命令文の前に itekke という言葉を置き、

cis! チㇱ　泣け！→　itékke cis! イテッケ　チㇱ　泣くな！

となります。

● 相手が二人以上いる場合は、命令文に　yan ヤン　をつけます。
相手が一人のときでも、yan　をつけると丁寧な言い方になります。

● アイヌ語の動詞には単数形と複数形をもつものもあります。複数の人に話しかける時や、一人の目上の人に話す場合、動詞に複数形があるときは、複数形を使います。

a ア　座る（単）— rok ロㇰ　座る（複）
as アㇱ　立つ（単）— róski ロㇱキ　立つ（複）
osípi オシピ　帰る（単）— osíppa オシッパ　帰る（複）
opúni オプニ　立ち上がる、とぶ（単）
— opúnpa オプンパ　立ち上がる、とぶ（複）
oyúpu オユプ　走る（単）— oyúppa オユッパ　走る（複）

5.　なにが・なにを・どうする／しない

「○○は△△（なに）を◇◇（どう）する」と言うときは、日本語と同じ順番でことばをならべます。そのとき、他動詞（たどうし）を使います。

● ekáci *sohutokuriimu* e.　エカチ　ソフトクリーム　エ
子ども　ソフトクリーム　～を食べる

子どもがソフトクリームを食べる

● acápo　ménkane éstan.　アチャポ　メンカネ　エㇱタン
おじさん　メガネ　～を探す

おじさんがめがねを探す

● yúpo　　osóro　esína.　ユポ オソロ　エシナ
おにいさん　おしり　～をかくす

おにいさんがお尻をかくす

「○○は△△を◇◇しない」と言うとき（否定の表現）は、動詞の前に somo　ソモ　という言葉をつけます。

● ekáci onúmanipe somo e.　エカチ　オヌマニペ　ソモ　エ
子ども 晩ご飯　　　しない　～を食べる

子どもはばんごはんを食べない

● acápo　ménkane　somó pa.　アチャポ　メンカネ　ソモ パ
おじさん　メガネ　　しない　～を見つける

おじさんはめがねを見つけない

● yúpo　　hánkapuye　somó　esína.　ユポ ハンカプイェ　ソモ　エシナ
おにいさん　おへそ　　しない　～をかくす

おにいさんはおへそをかくさない

〈単語〉

acápo	アチャポ	おじさん
e	エ	～を食べる【他】
ekáci	エカチ	子ども
éstan	エㇱタン	～を探す【他】
esína	エシナ	～を隠す【他】
osóro	オソロ	お尻

● 自動詞と他動詞

「△△を◇◇する」というとき（目的語があるとき）は、他動詞をつかいます。

たとえば「sitó シト（お団子）を食べる」と答えるときには、他動詞の「e エ（△△を食べる)」ということばを使います。

逆にいえば、自動詞の「ipe イペ（食事する)」には「～を」という意味が含まれない（目的語をとらない）ので、「シト　イペ」とは言えません。

イペ ipé　食事する（自動詞）
◯ ekáci ipé.　エカチ　イペ（子どもが食事をする）
　子ども　食事する

エ　e　～を食べる（他動詞）
◯ ekáci sitó e.　エカチ シト エ（子どもがお団子を食べる）
× ekaci sito ipe.　エカチ　シト　イペ（→まちがい）

コラム3　おもしろいこと、むずかしいこと

かるたでやると案外簡単だなと感じました。また、絵やイラストがあると暗記しやすいなと思いました。(2回生)
動物の名前にはたくさん細かい意味があって、ただ単につけた名前ではないので、覚えやすいかなと思います。少しずつ覚えて理解できるようになりたいです。
動詞をそのままいえば命令になり、「～するな」というときは、命令文の前に itekke という言葉を置くとできるので、他の言語に比べて簡単だと思いました。(3回生)
命令文が相手の人数によって変わるのも珍しくておもしろいと思いました。(3回生)

6.　人称接辞①

①私は／私が…する　と言いたいときは、動詞の前に ku= をつけます

ku=ípe.　クイペ　「私は食事する」

ku=óman.　クオマン　「私は行く」

②あなたは／あなたが…する　と言いたいときは、動詞の前に e= をつけます

e=mína.　エミナ　「あなたは笑う」

e=a.　エア　「あなたは座る」

＊「＝」の記号は、それが人称接辞だということを表していますので、発音には関係ありません。辞書には、人称接辞がついた形では単語が載っていないので、調べるときなどにわかりやすくするために「＝」がつかわれています。

＊人称接辞がつくと、アクセントの位置が変わります。
例　omán「行く」→ ku=óman「私は行く」

③私は（あなたは）…しない　と言いたいときは、最初に somo をつけます（語順に注意）

somo ku=ipe.　ソモ　クイペ　「私は食事しない」

somo ku=oman.　ソモ　クオマン　「私は行かない」

somo e=mina　ソモ　エミナ　「あなたは笑わない」

somo e=a　ソモ　エア「あなたは座らない」

④私は（あなたは）…したい　と言いたいときは、動詞のあとに rusuy ルスイ（…したい）を付けます。

ku=oman rusuy.　クオマン　ルスイ　「私は行きたい」、

ku=ipe rusuy.　クイペ　ルスイ　「私は食事したい＝おなかがすいた」

e=mokor_rusuy　エモコンルスイ

（r のあとに r →発音が n に変わる。エモコンルスイと発音する）

「あなたは眠りたい＝あなたは眠い」

⑤自己紹介してみましょう。

A：e=réhe nékon re an?　エ　レヘ　ネコン　レアン？

「あなたのお名前は？」（nékon ネコン　どのように）

B：______________ ku=ne. クネ

「私は______________です。」

A：onón e=ek?　オノン　エ　エㇰ？

「どこから来ましたか？」（onón　オノン　どこから）

B：______________　wa ku=ek.　______________　ワ　クエㇰ

「______________から私は来ました」（wa ワ　～から）

（＊出身を言うときは______________ ta ku=an.

「私は______________で生まれました」

「～で育ちました」は　______________　ta ku=sukup.

______________　タ　クスクㇷ゚）

A：ku= ______________　rusuy.　ク　______________　ルスイ

「私は______________がしたいです」

B：e= ______________ rusuy ya?　pirka!

エ　______________　ルスイ　ヤ？　ピㇼカ！

「あなたは______________がしたいの？　いいね！」

7.　人称接辞②　人称接辞と他動詞

① 私は／私が～を…する　と言いたいときは、目的語＋人称接辞＋動詞という語順になります。

ménkane ku=pa.　メンカネ　クパ　「メガネを私は見つけた」

icákoko ku=kásuy.　イチャココ　クカスイ　「教えることを私は手伝う」

② あなたは／あなたが～を…する　と言いたいときは、動詞の前に e= をつけます

húci e=néwsar.　フチ　エネウサㇻ　「おばあさんをあなたは喜ばせる」

kám e=éramasuy.　カㇺ　エエラマスイ　「肉があなたは好きだ」

③ 彼が（あの人が）…する（自動詞）、彼が（あの人が）～を…する（他動詞）と言いたいとき、人称接辞をつけません。

ónne オンネ（彼は年老いた）、mina ミナ（彼は笑う）、

ek エㇰ（あの人が）来る

ménkane pa メンカネ　パ（彼はメガネを見つけた）

icákoko kásuy イチャココ　カスイ（あの人が教えることを手伝う）

huci néwsar フチ　ネウサㇻ（あの人がおばあさんを喜ばせる）

kam erámasuy カム　エラマスイ（あの人は肉が好きだ）

④ 私は（あなたは）～を…しない　と言いたいときは、人称接辞の前に somo をつけます（語順に注意）

ménkane somo ku=pa.　メンカネ　ソモ　クパ

「メガネを私は見つけない」

icákoko somo ku=kásuy.　イチャココ　ソモ　クカスイ

「教えることを私は手伝わない」

huci somo e=néwsar.　フチ　ソモ　エネウサㇻ

「おばあさんをあなたは喜ばせない」

kam somo e=éramasuy.　カㇺ　ソモ　エエラマスイ
「肉があなたは好きではない」
→＊ kam e=kócan カㇺ　エコチャン（kocan ～を嫌う）

＊「＝」の記号は、それが人称接辞だということを表していますので、発音には関係ありません。辞書には、人称接辞がついた形では単語が載っていないので、調べるときなどにわかりやすくするために「＝」がつかわれています。

＊ 人称接辞がつくと、アクセントの位置が変わります。
例　erámasuy「～が好き」→ ku=éramasuy「私は～が好き」

8.　いろいろな作文をしましょう〔復習〕

1　おじさんが食事する　（ヒント：「食事する」は自動詞）
2　目を覚ませ！（命令形）
3　泣かないで眠りなさい
4　女は料理をしない（ヒント：「料理する」は自動詞）
5　おじいさんはオハウを食べる　（ヒント：「～を食べる」は他動詞）
6　あなたは靴を買う（ヒント：「～を買う」は他動詞）
7　私はトリカブトにさわらない（ヒント：「～を触る」は他動詞）

acapo アチャポ　おじさん、cis チㇱ　泣く、e エ　～を食べる、
ekasi エカシ　おじいさん、hok ホㇰ　～を買う、ipe イペ　食事する、
itekke イテッケ　～するな、ker ケㇾ　靴、kere ケレ～を触る、
menoko メノコ　女性、mokor コㇿ　眠る、mos モㇱ　目覚める、
no ノ　～（しない）で、ohaw オハウ　汁物、suke スケ　料理する、
surku スㇽク　毒・トリカブト

9. 1から10までの数　数字をおぼえましょう

●1から10までの数はこのようになっています。

基本の形「〜の」	ものの数（人以外）	人の数「人」
1の siné シネ	1個 sinép シネㇷ゚	1人 sinén シネン
2の tu トゥ	2個 tup トゥㇷ゚	2人 tun トゥン
3の re レ	3個 rep レㇷ゚	3人 ren レン
4の íne イネ	4個 ínep イネㇷ゚	4人 ínen イネン
5の asíkne アシㇰネ	5個 asíknep アシㇰネㇷ゚	5人 asíknen アシㇰネン
6の iwán イワン	6個 iwánpe イワンペ	6人 iwániw イワニウ
7の árwan アㇻワン	7個 árwanpe アㇻワンペ	7人 árwaniw アㇻワニウ
8の tupésan トゥペサン	8個 tupésanpe トゥペサンペ	8人 tupésaniw トゥペサニウ
9の sinépesan シネペサン	9個 sinépesanpe シネペサンペ	9人 sinépesaniw シネペサニウ
10の wan ワン	10個 wánpe ワンペ	10人 wániw ワニウ

・「基本の形」は、後ろに名詞をつけて言うときに使います。
sine cep シネ　チェㇷ゚（1つの魚）　re cise レ　チセ（3つの家）
・名詞をつけずに、1個、2個、と数える場合は、基本の形の語尾に「個」にあたる「ㇷ゚ -p」や「ペ -pe」（どちらも「もの」という意味）をつけます。
・1から5には「-p」を、6から10には「-pe」をつけます。

●ㇷ゚ -p や　ペ -pe は「もの」という意味なので、そのあとに名詞はつけられません。「石」などの名詞をつけると、「1のもの・石」と重ねて言っていることになってしまいます。

例 ○ siné sumá　シネ　スマ　→　1の石
○ súma sinép　スマ　シネㇷ゚　→　石1個
× sinep suma　シネㇷ゚　スマ　→　まちがい

●「私を／私に〇〇させる」といいたときは「en=（エン）」をつかいます。

kore コレ　持たせる　　　　kor ～を持つ＋ re

en=kore「私に下さい」

kure クレ 飲ませる　　　　ku ～を飲む＋ re

en=kure「私に飲ませて下さい」

ere エレ　食べさせる　　　e ～を飲む＋ re

en=ere「私に食べさせて下さい」　※エネレ　と発音する

mire ミレ　着させる　　　　mi ～を着る＋ re

en=mire「私に着させて下さい」

ipere イペレ　食事させる　　ipe 食事する＋ re

en=ipere「私に食事させて下さい」

nukare ヌカレ　見せる　　　nukar ～をみる＋ re

en=nukare「私に見せて下さい」

nure ヌレ　聞かせる　　　　nu ～を聞く＋ re

en=nure「私に聞かせて下さい」

●いくつ？　と聞きたいときは　「nenpak（ネンパㇰ）」をつかいます。

nenpak pe e=kor rusuy ya?　ネンパㇰ　ペ　エコン　ルスイヤ？

あなたはいくつほしいですか？

rep en=kore　レㇷ゚　エンコレ　私に三つください

●ukoytak　yan!（会話してください）

A：〇〇　e=kor?　　〇〇　エコㇿ？（〇〇あなたは持っていますか？）

B：〇〇　ku=kor.　　〇〇　クコㇿ。（〇〇を私は持っています

A：〇〇　en=kore!　〇〇　エンコレ！（〇〇を私にください！）

B：e, nenpakpe e=kor rusuy ya?　エ、ネンパㇰペ　エコンルスイ　ヤ？

（はい。いくつほしいですか？）

A：〇（数字）　en=kore.　〇エンコレ。（〇個私にください）

B：pirka!　ピㇼカ！（いいよ！）

eci=kore=an na.　エチコレアン　ナ　（〔私があなたに〕あげますよ）

コラム4　ウポポを歌ってみた（ウコウㇰ編）

トリカブトの歌を聴き実際に歌ってみましたが、どこにアクセントをつけるか、リズムの取り方が独特でそこが難しいと同時に、アイヌの歌の面白いところでもあると思いました。最後にウコウㇰをしましたが、自分が歌っているときに相手につられそうになりました。（3回生）

ウコウㇰは実際にやると難しかったですが、こだまのようになっているのが面白くて素敵だなと思いました。（2回生）

ずらして歌うとき、リズムに乗りつつも周りの声をきかなければならなくて頭を使いました。でも何度かうたっているうちにリズムを覚えられるようになり、楽しんで歌うことができました。（4回生）

10. 接続詞　文と文をつなぐ言葉

接続詞①　wa ワ　～して 時間の前後関係をあらわす

文と文をつなぐ言葉として「wa ワ」はもっともよくつかわれます。あることをして、次にこれをした、という単純な順序を示します。

matnekaci honisik [wa] mokor.　マッネカチ　ホニシㇰ　ワ　モコㇿ

（女の子は満腹して眠った）

ku=honisik [wa] ku=mokor.　クホニシㇰ　ワ　クモコㇿ

（私は満腹して〔私は眠った〕）

sita kira [wa] ek.　シタ　キラ　ワ　エㇰ（犬が逃げてきた）

ku=kira [wa] ku=ek.　クキラ　ワ　クエㇰ（私は逃げてきた）

接続詞②　kus クシ　～するので　原因・理由や、目的をあらわす

「あることがあったので、こうした」と文をつなぎます。「～するために～した」というときも「kus クシ」をつかいます。

huci kinakar kus [kus] ekimne.　フチ　キナカㇻ　クㇱ　エキㇺネ

（おばあさんは山菜採りをしに山へ行った）

e=kinakar [kus] e=ekimne.　エキナカㇻ　クㇱ　エエキㇺネ

（あなたは山菜採りをしに〔あなたは〕山へ行った）

ni poro [kus] mici nitek kaye.　ニ　ポロ　クㇱ　ミチ　ニテㇰ　カイェ

（木が大きくなったので、父は木の枝を折った）

ni poro [kus] nitek ku=kaye.　ニ　ポロ　クㇱ　ニテㇰ　クカイェ

（木が大きくなったので、私は木の枝を折った）

接続詞③　cik チㇰ　～すると　条件をあらわす

ある条件があれば、こうなる、というときにつかいます。

ekattar pirkano mokor [cik] nisuramne.

エカッタㇻ　ピㇼカノ　モコㇿ　チㇰ　ニスラㇺネ

（子どもはよく眠ると健康になる＝寝る子は育つ）

pirkano e=mokor [cik] e=nisuramne.

ピㇼカノ　エモコㇿ　チㇰ　エニスラㇺネ

（あなたがよく眠ると〔あなたは〕健康になる）

haw ne [cik] pirka wa!　ハウ　ネ　チㇰ　ピㇼカ　ワ

（それならいいよ！）

接続詞④　korkay コㇿカイ　～けれども　逆接をあらわす

二つの文の意味を逆接でつなぐときにつかいます。

yupo mokor rusuy [korkay] kampinuye.

ユポ　モコン　ルスイ　コㇿカイ　カンピヌイェ

（兄は眠たかったけれども勉強した）

ku=mokor rusuy [korkay] ku=kampinuye.

クモコン　ルスイ　コㇿカイ　クカンピヌイェ

（私は眠かったけれども〔私は〕勉強した .）

接続詞⑤　newa ネワ　～と、～と　列挙するとき

cep newa mame newa emo en=kore.

チェㇷ゚　ネワ　マメ　ネワ　エモ　エンコレ

（魚と豆とイモを〔私に〕ください）

Ⅰ　下の□に接続詞を入れてみましょう

① ku=sinki [　　　] ku =hokke rusuy.

クシンキ　＿＿＿＿＿　クホッケ　ルスイ

（私は疲れたので、横たわりたい）

② su uraye [　　　] suke yan.

ス　ウライェ　＿＿＿＿＿　スケ　ヤン

（鍋を洗って、料理しなさい）

③ nisatta an [　　　] e=pirka nankor.

ニサッタ　アン　＿＿＿＿＿　エピㇼカ　ナンコㇿ

（明日になれば、あなたはよくなるでしょう）

④ tanto ruyanpe ruy [　　　] e=ek.

タント　ルヤンペ　ルイ　＿＿＿＿＿　エエㇰ

（今日は雨が降っているけど、あなたは行く）

⑤ menoko [　　　] okkay.

メノコ　＿＿＿＿＿　オッカイ　（女と男）

Ⅱ　アイヌ語にしてみましょう

① 値段が高いけれども、私はこれを買う

（ataye アタイェ　値段／ hok ホㇰ　～を買う／

taanpe タアンペ　これ／ korkay コㇿカイ／ ku= ク／
yupke ユプケ　高い）

Ⅲ　接続詞 wa ワ , korkay コㇿカイ , cik チㇰ , kus クㇱをつかって自由に作文しましょう。

11. ～できる、～できない　の言い方

一部の他動詞は、助動詞としても使うことができます。助動詞は、動詞の後ろに直接置かれ、人称接辞もつきません。

～できる　　　easkay（他）エアㇱカイ
他動詞として……makiri ku=easkay　マキリ　クエアカㇱカイ
（小刀づかいが私は上手だ）
助動詞として……ku=suke easkay　クスケ　エアㇱカイ
（私は料理ができる）
助動詞として……eha ku=pa easkay　エハ　クパ　エアㇱカイ
（土マメを私は見つけられる）

～できない　　eaykap（他）エアイカㇷ
他動詞として……wakkata ku=eaykap　ワッカタ　クエアイカㇷ
（水汲みを私はできない）
助動詞として……ku=ma eaykap　クマ　エアイカㇷ
（私は泳げない）
助動詞として……cep ku=koyki eaykap　チェㇷ　クコイキ　エアイカㇷ
（私は魚を捕まえられない）

ukoytak yan!　会話してみましょう。

① 下線部の動詞を別のものにして、〜ができますか？
はい／いいえ　の会話をしてみましょう。

A：e=suke easkay ya?　エスケ　エアシカイ　ヤ？
(あなたは料理ができますか)

B：e, ku=suke easkay. ／ somo, ku=suke eaykap.
エ、クスケ　エアシカイ／ソモ、クスケ　エアイカプ
(はい、私は料理ができます。／いいえ、私は料理ができません。)

② 下線部の主語を別のものにして、〜を見つけられましたか？
はい／いいえ　の会話をしてみましょう。

A：e=kor menkane e=pa easkay ya?
エコロ　メンカネ　エパ　エアシカイ　ヤ？
(あなたのメガネを見つけることはできましたか？)

B：e, ku=kor menkane ku=pa easkay wa.
エ、クコロ　メンカネ　クパ　エアシカイ　ワ
(はい、私は、私のメガネを見つけられました。)
／ somo, ku=kor menkane ku=pa eaykap.
ソモ、クコロ　メンカネ　クパ　エアイカプ
(いいえ、私は、私のメガネを見つけられません)

12. 色の名前

黒	kúnne	クンネ
白	retár	レタㇻ
赤	húre	フレ
緑・青・黄色	síwnin	シウニン
水色、黄緑	rusíwnin	ルシウニン（ル 「やや」）
ピンク	ruhúre	ルフレ
緑	kináne	キナネ
黄緑	makáyone	マカヨネ
黄色	sikérpepeus	シケㇾペペウㇱ
オレンジ	hománe	ホマネ
茶色	tóyne	トイネ
色	iróho	イロホ

A：húrep e=kor ya?　フレㇷ゚　エコㇿ　ヤ？（赤いものは持っている？）

B：e, húre ポーチ ku=kor.（はい、赤いポーチを持っています）

ㇷ゚やペのつけかた

母音のあとはㇷ゚　　húrep フレㇷ゚，tóynep トイネㇷ゚

子音のあとはペ　　retárpe レタㇻペ，síwninpe シウニンペ

13. 体の部分の呼び方、所有を表す言い方

私の○○、あなたの○○

● アイヌ語のものの名前（名詞）は、それがなにかの一部であるとき、「～の○○」という形（所属形）をつかいます。たとえば、自分の体の一部であるものや、もの全体のうちの一部を言うときです。

人称接辞は、名詞にもつきます。体の部分や、自分の家族（親族名称）など。

名詞に直接人称接辞をつけます。

私の顔　ku=pake　　　　私の父　ku=mici

あなたのお腹　e=honi　　　　あなたの姉　e=sapo

所有を表すふたつの言い方

① 他人に譲ることができるもの　「kor コロ　～を持つ」＋名詞

私の犬　ku=kor sita　クコㇿ　シタ

あなたの家　e=kor cise　エコㇿ　チセ　＝　エコッチセ

② 他人に渡すことができないもの　人称接辞＋名詞（所属形）

私の名前　ku=rehe　クレヘ

あなたの指　e=askepeci　エアㇱケペチ

会話してみましょう

例）A：e=kor menkane ney ta an ya?

エコㇿ　メンカネ　ネイ　タ　アン　ヤ？

（あなたのメガネはどこ？）

B：ku=kor menkane taanta an.

クコㇿ　メンカネ　タアンタ　アン　（私のメガネはここです）

A：e=síki ney ta an ya?　エシキ　ネイ　タ　アン　ヤ？

（あなたの目はどこ？）

B：ku=síki taánta an.　クシキ　タアンタ　アン　（私の目はここです）

下線部の名詞を入れ替えて、会話してみましょう。

＊「○○は、どこにありますか？」と聞きたいときは、「○○ ney ta an ya?　○○　ネイ　タ　アンヤ」という言葉を使います。

＊「あそこに」と言いたいときは「toonta トオンタ」という言葉をつかいます。

14. 家族を呼ぶとき

● 家族・親族をあらわすことば（親族名称）をまとめました。

・「お父さん」は、míci ミチ　と呼んだり、acá アチャ　と呼んだりします。

・「おじさん」は、acá ＋ po アチャ＋ポ　（お父さん＋小さい）という意味です。

・「お母さん」は、hápo ハポ　です。kátkemat カッケマッ　は、「奥様」というニュアンスがあります。「私の奥さん（妻）」というときは、マチ mací という単語をつかって、ku=máci クマチ　といいます。

・「mat マッ」は、「女」という意味です。kátkemat カッケマッ　や、mací マチ　にも mat マッ　がつかわれています。

・「女の子」という意味の mátnepo マッネポ　にも、mat マッ　がつかわれています。これは「mat マッ（女）ne ネ（である）po ポ（子ども）」――「女・である・子ども」と分解できます。「妹」という意味の mátaki マタキ　にも mat マッ　がつかわれています。これは、mat マッ ＋ aki アキ（弟）――「女・弟」と分解できます。

・「妹」という単語は、二つあります。
turési トゥレシ　は、お兄さんから見た妹のこと。mátaki マタキ　は、お姉さんから見た妹のことです。

・ 赤ちゃんのことを ténnep テンネㇷ゚, yárpe ヤㇻペ　などといいますが、これは、テイネ（teyne ぬれている）＋ㇷ゚、ヤㇻ（yar すりきれた）＋ペ（pe もの）＝ボロ布という意味で、オムツをしている状態のことを言います。

分類	オッカイ ókkay	メノコ menóko,マッ　mat
オンネウタㇻ ónneutar （おとな、年寄り） ルㇷ゚ネウタㇻ rúpneutar （おとな） ウムレックㇽ umúrekkur （夫婦）	エカシ ékasi おじいさん	フチ húci おばあさん
	ミチ míci（お父さん） アチャ acá（お父さん） オクフ okúhu（夫） アチャ acá（おじさん） アチャポ acápo（おじさん）	ハポ hápo（お母さん） カッケマッ kátkemat（奥さん） マチ mací（妻） ウナㇻペ unárpe（おばさん）
シクㇷ゚クㇽ sikúpkur （若いおとな）	オッカイポ ókkaypo （男の子、息子） ユポ yúpo（お兄さん）	マッネポ mátnepo （女の子、娘） サポ sápo（お姉さん）
エカチ ekáci （こども） エカッタㇻ ekáttar （こどもたち） ポホ póho （〜の子ども）	オッカイポ ókkaypo （男の子、息子） アキ akí（弟）	マッネポ mátnepo （女の子、娘） トゥレシ turési（兄からみた妹） マタキ mátaki（姉からみた妹）
	ポン エカチ pón ekaci（幼児）、テンネㇷ゚ ténnep（赤ちゃん）、ヤㇻペ yárpe（赤ちゃん）、ミッポ mítpo（孫）、サンミッポ sánmitpo（ひ孫）	

15. ことばによる表現いろいろ

- ことばあそび ucárpakte ウチャㇻパㇰテ、互いに口を競う……鳥の声のまね、早口言葉、なぞなぞ、遊び歌など
- となえごと……おまじない、カムイへのお祈りなど
- その言葉を口にすることで、誰かに要求、指示、感謝、謝罪などを伝えるためのもの。死者への引導渡し、挨拶の詞、チャランケの詞など
- うた……座り歌、upópo ウポポ、輪唱歌 ukóuk ウコウㇰ。踊り歌、働くときの歌、杵つきの歌、yáysama ヤイサマ（一人ひとりが自分の節をもつ。即興）、子守歌 ihúnke イフンケ　など
- ものがたり……ストーリーを伝えるもの。節が付いている場合でも、節そのものの巧拙より、言葉の組み立て、内容の正確性などが重視される。

●ものがたりの分類

神謡　óyna オイナ　十勝、石狩、釧路、白糠、樺太など

kamúyyukar カムイユカㇻ　沙流、胆振、千歳など

túytak トゥイタㇰ　様似など

それぞれの話に別の節がついている。sákehe サケヘ　というくり返しの詩句がついている。韻文。ただし、一行のなかにつめこむ音節数は比較的自由度が高い。主人公はカムイ。menóko yukár　メノコ　ユカㇻ、mat yukar　マッ　ユカㇻ　主に女性が語るため。

散文説話　túytak トゥイタㇰ　十勝、石狩、釧路、白糠など

uepeker ウエペケㇾ　沙流、胆振、千歳など

tuytah, ucaskuma トゥイタㇵ、ウチャㇱクマ　樺太

isoitakki イソイタッキ　様似

基本的に節はついていない。散文。主人公は人間。

英雄叙事詩　sakórpe サコㇿペ　十勝、釧路、白糠など

yukár ユカㇻ　沙流、胆振、千歳、石狩など

háwki ハウキ　樺太

yayérap ヤイェラㇷ゚　様似、胆振

話自体ではなく、それぞれの語り手が自分の節を持っている。韻文。神謡に比べると、一行が４～５音節に固定されている度合いが高い。長篇の歌物語（数時間）。atómteitak アトㇺテイタㇰ（飾った言葉）といわれる特殊な韻文文体。répni レㇷ゚ニ　という棒を持って、いろり端をたたいてリズムをとり、必要に応じて hétce ヘッチェ（合いの手）を入れる。主人公は人間（超人）。

16. 動物の名称

シㇰヌㇷ゚　生きものの名前

鳥　チカㇷ゚　cikap	
かもめ	カピウ　kapíw
からす	パシクㇽ　páskur
きつつき	チㇷ゚タチㇼ　cíptacir
すずめ	アマメチカッポ amámecikappo
つる	サロルン sarórun
はと	クスイェㇷ゚　kúsuyep
わし	カパチㇼ　kapácir
ふくろう	クンネレㇰ　カムイ kúnnerek kamuy

山・野の生きもの ヤオッチコイキㇷ゚　yaotcikoykip	
いぬ	シタ　sitá
うさぎ	イソポ　isópo
おおかみ	オㇿケウカムイ órkew kamuy
きつね	チロンノㇷ゚　cirónnop
くま	キムンカムイ kimúnkamuy
しか	ユㇰ　yuk
たぬき	モユㇰ　moyúk
ねこ	ネコ　nekó
ねずみ	エルムン　erúmun
りす	ニウエオ niúeo
かえる	トオルンペ　tóorunpe オオアッ　oóat
かめ	エチンケ　ecínke
かわうそ	エサマン　esáman

へび	タンネカムイ tánnekamuy
こうもり	カパㇷ゚　kapáp

海・川の生きもの レポッチコイキㇷ゚　repotcikoykip	
かに	アンパヤヤ　ámpayaya
かれい	サマンペ　samánpe
くじら	フンペ　húmpe
さけ	カムイチェㇷ゚ kamúycep
しゃち	レプンカムイ repúnkamuy
たこ	アトゥイナウ　atúynaw
にしん	エロキ　eróki
ます	イチャニウ　icániw
貝	セイ　sey

虫　キキㇼ　kikir	
あり	イトゥナㇷ゚　itúnap
か	エトゥタンネ　etútanne
せみ	ヤキ　yakí
とんぼ	ハンクㇷ゚カエチウ hánkupkaeciw
はえ	モㇱ　mos
はち	ソヤ　soyá
ほたる	トㇺトㇺキキㇼ tómtomkikir
みみず	イモㇰ　imók
かたつむり	ケネチトンパ kenécitonpa

17. 単語一覧

①自動詞

1	a	ア	座る（単）
2	ahún	アフン	入る（単）
3	ahúp	アフㇷ゚	入る（複）
4	an	アン	ある、いる（単）
5	áne	アネ	細い
6	ápkas	アㇷ゚カㇱ	歩く
7	árki	アㇻキ	来る（複）
8	as	アㇱ	立つ（単）
9	asír	アシㇼ	新しい
10	cárkar	チャㇻカㇻ	辛い
11	cis	チㇱ	泣く
12	ek	エㇰ	来る（単）
13	háwke	ハウケ	弱い
14	hókke	ホッケ	横たわる
15	honísik	ホニシㇰ	満腹する
16	húre	フレ	赤い　赤くなる
17	húsko	フㇱコ	古い
18	hútne	フッネ	狭い
19	icákoko	イチャココ	教える
20	ínkar	インカㇻ	見る
21	ipé	イペ	食事する
22	irúska	イルㇱカ	怒る
23	isám	イサㇺ	ない
24	iúnin	イウニン	具合がわるい
25	iwánke	イワンケ	元気だ
26	kámpinuye	カンピヌイェ	勉強する
27	kéraan	ケラアン	おいしい

28	kérasak	ケラサㇰ	まずい
29	kinákar	キナカㇻ	山菜取りをする
30	kirá	キラ	逃げる
31	kósne	コㇱネ	軽い
32	kúnne	クンネ	暗い、黒い、黒くなる
33	ma	マ	泳ぐ
34	mína	ミナ	笑う
35	mokór	モコㇿ	眠る
36	mos	モㇱ	目覚める
37	móyre	モイレ	遅い
38	nísramne	ニスラㇺネ	健康である
39	níste	ニㇱテ	固い
40	okáy	オカイ	ある、いる
41	omán	オマン	行く（単）
42	ómkekar	オㇺケカㇻ	風邪をひいている
43	ónne	オンネ	年老いている、熟成する
44	onúpuy	オヌプイ	しょっぱい
45	opúni ／ hopúni	オプニ	起き上がる、飛ぶ（単）
46	opúnpa ／ hopúnpa	オプンパ／ホプンパ	起き上がる、飛ぶ（複）
47	osípi ／ hosípi	オシピ／ホシピ	戻る、帰る（単）
48	osíppa ／ hosíppa	オシッパ／ホシッパ	戻る、帰る（複）
49	oyúpu ／ hoyúpu	オユプ／ホユプ	走る（単）
50	páse	パセ	重い
51	payé	パイェ	行く（複）
52	pekér	ペケㇾ	明るい
53	péwre	ペウレ	若い
54	pírka	ピㇼカ	美しい、よい

55	pon	ポン	小さい、小さくなる、年下である
56	poró	ポロ	大きい、大きくなる、年上である
57	ram	ラム	低い
58	retár	レタラ	白い　白くなる
59	ri	リ	高い
60	ritén	リテン	柔らかい
61	rok	ロク	座る（複）
62	róski	ロシキ	立つ（複）
63	ru	ル	やや、透明な
64	ruyé	ルイェ	太い
65	sep	セプ	広い
66	síw	シウ	苦い
67	síwnin	シウニン	青い　青くなる　緑だ　緑になる
68	suké	スケ	料理する
69	tákne	タクネ	短い
70	tánne	タンネ	長い
71	térke	テレケ	跳ねる
72	tópen	トペン	甘い
73	túnas	トゥナシ	早い
74	wákkata	ワッカタ	水汲みをする
75	yúpke	ユプケ	強い

②他動詞

1	amá	アマ	〜を置く
2	ca	チャ	〜を切り取る　〜を摘み取る
3	e	エ	〜を食べる
4	eáskay	エアシカイ	〜ができる、上手だ
5	eáykap	エアイカプ	〜ができない、下手だ
6	ecíwka	エチウカ	〜を待つ

7	ékte	エㇰテ	～をよこす
8	eráman	エラマン	～をわかる　～をおぼえる
9	erámasuy	エラマスイ	～が好きだ
10	erámuskare	エラムㇱカレ	～がわからない、～を知らない
11	esína	エシナ	～を隠す
12	éstan	エㇱタン	～を探す
13	etún	エトゥン	～を貸す
14	hok	ホㇰ	～を買う
15	kar	カㇻ	～を作る
16	kásuy	カスイ	～を手伝う
17	kayé	カイェ	～を折る
18	kem	ケㇺ	～を舐める
19	keré	ケレ	～をさわる
20	ki	キ	～をする
21	kik	キㇰ	～を叩く
22	kocán	コチャン	～を嫌う
23	kor	コㇿ	～を持つ
24	kóyki	コイキ	～をつかまえる　～をいじめる
25	ku	ク	～を飲む
26	ma	マ	～を焼く
27	mi	ミ	～を着る
28	mosóso	モソソ	～を起こす
29	ne	ネ	～である
30	néwsar	ネウサㇻ	～を喜ばせる
31	nu	ヌ	～を聞く
32	nukár	ヌカㇻ	～を見る
33	o	オ	～に乗る
34	omáp	オマㇷ゚	～をかわいがる
35	osúra	オスラ	～を捨てる
36	óyra	オイラ	～を忘れる

37	pa	パ	～を見つける
38	ramú	ラム	～を思う
39	resú	レス	～を育てる
40	ruy	ルイ	～がはげしい
41	sak	サㇰ	～がない
42	sánke	サンケ	～を出す
43	sátke	サッケ	～を干す
44	sitoma	シトマ	～を恐れる
45	suye	スイェ	～を煮る
46	ta	タ	～を掘る
47	turáynu	トゥライヌ	～を見失う　～が見つからない
48	tuyé	トゥイェ	～を切る
49	uhuyka	ウフイカ	～を燃やす
50	uk	ウㇰ	～をとる　～を得る　～を奪う
51	uráye	ウライェ	～を洗う
52	ye	イェ	～を言う
53	yúpke	ユㇷ゚ケ	～が強い、激しい、高価だ

③名詞

1	amíp	アミㇷ゚	着物
2	apá	アパ	戸／戸口
3	apé	アペ	火
4	ápto	アㇷ゚ト	雨
5	atáye	アタイェ	値段　値
6	atúy	アトゥイ	海
7	ay	アイ	矢
8	áynu	アイヌ	人間、（立派な）男性
9	cep	チェㇷ゚	魚
10	cikáp	チカㇷ゚	鳥
11	cip	チㇷ゚	舟

12	círónnopkina	チロンノㇷ゚キナ	スズラン
13	cisé	チセ	家
14	cuk	チュㇰ	秋
15	cup	チュㇷ゚	太陽
16	ehá	エハ	ヤブマメ
17	ekáci	エカチ	こども（男の子）
18	ékasi	エカシ	おじいさん
19	ekáttar	エカッタㇻ	子どもたち
20	emó	エモ	イモ
21	ham	ハㇺ	葉
22	hat	ハッ	山ブドウ
23	húci	フチ	おばあさん
24	kam	カㇺ	肉
25	kamúyhum	カムイフㇺ	雷
26	karús	カルㇱ	キノコ
27	kátkemat	カッケマッ	（立派な）女性
28	ker	ケㇾ	靴
29	kéwtum	ケウトゥㇺ	心
30	kórkoni	コㇿコニ	フキ
31	kotán	コタン	村
32	ku	ク	弓
33	kúnnano	クンナノ	朝
34	kúnnecup	クンネチュㇷ゚	月
35	kútci	クッチ	サルナシ
36	makáyo	マカヨ	フキノトウ
37	makíri	マキリ	小刀
38	mamé	マメ	豆
39	matá	マタ	冬
40	mátnekaci	マッネカチ	女の子
41	ménkane	メンカネ	メガネ

42	menóko	メノコ	女性
43	ni	ニ	木
44	nis	ニシ	雲
45	nisátta	ニサッタ	明日
46	nítay	ニタイ	森／林
47	nítek	ニテク	枝
48	nocíw	ノチウ	星
49	noyá	ノヤ	ヨモギ
50	núman	ヌマン	昨日
51	nupúri	ヌプリ	山
52	ohaw	オハウ	汁物、スープ
53	oháwkop	オハウコプ	汁物の具
54	ókkay	オッカイ	男性
55	onúman	オヌマン	夕方、夜
56	onúmanipe	オヌマニペ	ばんごはん
57	pasúy	パスイ	箸
58	páykar	パイカラ	春
59	pukúsa	プクサ	ギョウジャニンニク
60	pukúsakina	プクサキナ	ニリンソウ
61	puyár	プヤラ	窓
62	re/rehe	レ / レヘ	名前
63	réra	レラ	風
64	sak	サク	夏
65	sikérpe	シケレペ	キハダの実
66	sitó	シト	団子
67	siús ／ ayáy	シウシ／アヤイ	赤ちゃん
68	sórma	ソロマ	コゴミ
69	su	ス	鍋
70	súrku	スルク	毒
71	tánto	タント	今日

72	tasíro	タシロ	山刀
73	tókes	トケㇱ	正午
74	turép	トゥレㇷ゚	オオウバユリ
75	upás	ウパㇱ	雪

④身体名称

	概念形／所属形（短）／所属形（長）	概念形／所属形（短）／所属形（長）	
1	paké ／ paké ／ pakéhe	パケ／パケ／パケヘ	頭
2	otóp ／ otópi ／ otópihi	オトㇷ゚／オトピ／オトピヒ	髪の毛
3	nan ／ nanú ／ nanúhu	ナン／ナヌ／ナヌフ	顔
4	kíptur ／ kíputuru ／ kíputuruhu	キプトゥㇽ／キプトゥル／キプトゥルフ	ひたい
5	sik ／ sikí ／ sikíhi	シㇰ／シキ／シキヒ	目
6	ránnuma	ランヌマ	眉毛
7	síkrap	シㇰラㇷ゚	まつ毛
8	etú ／ etú ／ etúhu	エトゥ／エトゥ／エトゥフ	鼻
9	kisár ／ kisára ／ kisáraha	キサㇻ／キサラ／キサラハ	耳
10	car ／ caró ／ caróho	チャㇻ／チャロ／チャロホ	口
11	capús ／ capúsi ／ capusihi	チャプㇱ／チャプシ／チャプシヒ	唇
12	parunpe ／ parúnpe ／ parúnpehe	パルンペ／パルンペ／パルンペヘ	舌
13	imák ／ imáki ／ imákihi	イマㇰ／イマキ／イマキヒ	歯
14	nótkir	ノッキㇼ	顎
15	rekút ／ rekúci ／ rekúcihi	レクッ／レクチ／レクチヒ	首
16	kukéw ／ kukéwe	クケウ／クケウェ／クケウェヘ	肩
17	tek ／ teké ／ tekéhe	テㇰ／テケ／テケヘ	手
18	áskepet ／ áskepeti	アㇱケペッ／	指
19	am ／ amí ／ amíhi	アㇺ／アミ／アミヒ	爪

20	sánpe ／ sánpehe	サンペ／サンペヘ	心臓
21	hon ／ honí ／ honihí	ホン／ホニ／ホニヒ	お腹
22	setúr ／ setúru ／ setúruhu	セトゥル／セトゥル／セトゥルフ	背中
23	hánkapuy ／ hánkapuye	ハンカプイ／ハンカプイェ	へそ
24	netópa ／ netópake ／ netópakehe	ネトパ／ネトパケ／ネトパケヘ	胴体
25	íkkew ／ íkkewe ／ íkkewehe	イッケウ／イッケウェ／イッケウェヘ	腰
26	osór ／ osóro ／ osóroho	オソロ／オソロ／オソロホ	お尻
27	cikír ／ cikíri ／ cikírihi	チキリ／チキリ／チキリヒ	足
28	kókkapake ／ kókkapakehe	コッカパケ／コッカパケ／コッカパケヘ	膝
29	paráure ／ paráurehe	パラウレ／パラウレ／パラウレヘ	足首から下

⑤そのほか

1	anák	アナク	～は
2	cik	チク	～すれば
3	e=	エ	あなたは、あなたが
4	en=	エン	私を、私に
5	enón	エノン	どこへ
6	eré	エレ	～に～を食べさせる
7	haw ne cik	ハウ　ネ　チク	それならば
8	he	ヘ	～か？
9	itékke	イテッケ	～するな
10	kay somo ki	カイ　ソモ　キ	～しない
11	kay somo ne	カイ　ソモ　ネ	～ではない
12	koré	コレ	～に～を与える
13	kórkay	コロカイ	けれども

14	ku=	ク	私が、私の
15	kúre	クレ	～に～を飲ませる
16	kus	クㇱ	～なので
17	míre	ミレ	～に～を着せる
18	nánkor	ナンコㇿ	～だろう
19	nékon	ネコン	どう、いくら
20	nekon an	ネコナン	どんな
21	némpak	ネンパㇰ	いくつ
22	nen	ネン	誰
23	nep	ネㇷ゚	何
24	ney ta	ネイタ	どこ
25	nukáre	ヌカレ	～に～を見せる
26	núre	ヌレ	～に～を聞かせる
27	onon	オノン	どこから
28	p／pe	ㇷ゚/ペ	もの
29	pírkano	ピㇼカノ	よく
30	rusúy	ルスイ	～したい
31	sónno	ソンノ	ほんとうに
32	ta	タ	～で
33	taán	タアン	この
34	taánpe	タアンペ	これ
35	toón	トオン	あの
36	toónpe	トオンペ	あれ
37	wa	ワ	～して（接続語）
38	wa	ワ	～ですよ（語尾）
39	ya	ヤ	～するか？
40	yan	ヤン	～してください